Kla ▬us Wundlechner / **Der Wahrheit Raum geben**

Eingeladen
von Jesus Christus

▬uchen – zweifeln – entdecken – lieben

Danke!
Martin und Verena, Manfred, Judith, Raphaela,
Veronika, Mirijam, Emanuel, Esther, Markus,
Leonhard, Susanne, Gerhard, Heike, Thomas,
u.v. mehr

fe

© 2013 by fe-medienverlags gmbh, kisslegg
www.fe-medien.de
1. Auflage 2013
Gestaltung: Renate Geisler
Druck: orthdruk, Bialystok (Polen)
ISBN: 978-3-86357-054-5

Klaus Wundlechner

Der Wahrheit Raum geben

Eingeladen
von Jesus Christus

suchen – zweifeln – entdecken – lieben

Wer seinen Haustürschlüssel sucht, ist für jeden ehrlichen Hinweis dankbar. Wer auf der Suche nach der Wahrheit ist, dem geht es ähnlich. Manchmal ist es nur ein Satz oder ein Wort und eine bisher verschlossene oder noch nicht entdeckte Türe öffnet sich. „Der Wahrheit Raum geben" wurde mitten aus dem Leben heraus geschrieben und möchte ein Türöffner sein. Der Autor ist verheiratet und Vater von fünf Kindern. Seit seiner Jugend ließ ihn die Suche nach der Wahrheit nicht mehr los. Gibt es einen Gott? Ist es gleichgültig, welche Religion ich wähle? Welche Rolle spielt dabei das Christentum? Er lernte die großen Religionen nicht nur durch die Medien kennen, sondern auch durch seine Arbeit bei einem weltweit tätigen Hilfswerk. Durch den Besuch einer Heilpraktikerschule und das Lesen zahlreicher Grundlagenwerke kam er intensiv mit der Esoterik in Berührung. Der katholische Glaube wurde durch seine Eltern grundgelegt. Bei Unsicherheiten und Zweifel stand ihm sein Bruder, der Priester ist, zur Seite. Letztlich ist das Buch aber das Ergebnis einer Tumorerkrankung, die den Autor zwang, sein Leben wirklich zu hinterfragen. Es war wohl auch die Krankheit, die ihm zahlreiche spannende Gespräche über seinen Glauben an Jesus Christus schenkte. Mit Freude gibt er Zeugnis über seinen gefundenen Schatz. Ein Buch für Suchende und Angekommene. Für Jung und Alt. Ein Buch zum „in die Hand drücken". Passend zum Jahr des Glaubens, das eigentlich nie zu Ende geht.

Inhaltsverzeichnis

Benediktus-Medaille
Ein Segenszeichen

Das heilige Kreuz sei mir Licht.

„Wenn also der Mönch alle Stufen auf dem Weg der Demut erstiegen hat, gelangt er alsbald zu jener vollendeten Gottesliebe, die alle Furcht vertreibt. Aus dieser Liebe wird er alles, was er bisher nicht ohne Angst beobachtet hat, von nun an ganz mühelos, gleichsam natürlich und aus Gewöhnung einhalten, nicht mehr aus Furcht vor der Hölle, sondern aus Liebe zu Christus, aus guter Gewohnheit und aus Freude an der Tugend."

(Benediktusregel Kap.7,64-69)

Eingeladen

Wer um 12.00 Uhr die Glocken der Kirche hört, denkt zumeist an das Mittagessen und nicht an das Angelusgebet. Doch die Glocken laden weltweit alle Menschen ein, mit Jesus Christus in Kontakt zu treten. Doch warum ausgerechnet mit Jesus Christus? Es gibt dafür nur einen überzeugenden Grund: Wenn es wahr ist, dass Jesus Christus der Sohn Gottes ist, sollen es alle Menschen erfahren. Ja, wenn es wirklich wahr ist, darf niemanden diese große Freude vorbehalten werden. Eine Untersuchung stellte fest, dass die Entwicklung der letzten Jahrzehnte im deutschsprachigen Raum in etwa so verlief: Zuerst war man **katholisch** oder **evangelisch**. Anschließend war die Sprache von der **christlichen Überzeugung**. Es folgte eine Zeit, in der eine **gewisse Religiosität** zu leben als modern galt – egal, in welcher Religion. Und heute verzichten viele ganz auf Gott und versuchen, ihre Sehnsucht **spirituell** oder durch Ersatzgötter wie Geld, Macht und Genuss zu befriedigen. Werden wir durch Vergnügen oder Vermögen wirklich glücklich? Wird die uns angeborene Sehnsucht mit den verschiedensten spirituellen Ritualen und Übungen wirklich befriedigt? Ich denke nein, denn der neueste Trend gerade unter anspruchsvollen Jugendlichen geht zu der Frage: **Was ist die Wahrheit?**

Diese Suche nach der Wahrheit möchte dieses Büchlein unterstützen. Es steht die entscheidende Frage des „Woher komme ich und wohin gehe ich?", im Raum.

Die Gedanken dazu sind das Ergebnis meiner persönlichen Gottessuche in inzwischen mehr als 40 Lebensjahren. Sie sind geprägt durch meine Persönlichkeit, mein Umfeld und durch meine Lebensgeschichte. Die Frage nach der Wahrheit hat mich immer wieder intensiv beschäftigt. Ich informierte mich quer durch die Religionen und Weltanschauungen. Dabei versuchte ich, mich nicht an der gerade modernen Meinung zu orientieren, sondern in Grundlagenwerken und in Texten der Gründerpersönlichkeiten den Ursprung und den „Geist" zu entdecken. In diesem Büchlein möchte ich meine persönliche Überzeugung, mein Ergebnis anbieten. Es drängt mich dazu, da ich das sichere Gefühl in mir trage, den wirklichen Schatz gefunden zu haben. Ich spüre auch, dass dieser Schatz noch unendliche Tiefen in sich birgt. Ich freue mich auf das Wirken Gottes. Diese Gedanken kann und möchte ich nicht für mich behalten. Ich freue mich über jede Leserin und jeden Leser!

Was wird dieses Büchlein bewirken? Ich weiß es nicht. Aus meinem bisherigen Erleben entstand folgende Zuversicht: Der wahre und oft unbekannte Gott will jeden Einzelnen für sich gewinnen. Also wird sein Geist dazu auch die verschiedensten Menschen und Dinge nützen, so Gott will auch dieses Büchlein.

Sind wir auf der richtigen „Party"?
oder
Die Suche nach der Wahrheit!

Gibt es eine Verbindung aller Menschen, die auf dem Erdenrund leben, gelebt haben und noch leben werden? Sind wir im tiefsten Innern alle Brüder und Schwestern? Woher kommen wir? Hat jeder einen einzelnen vorbestimmten Weg oder sind wir frei und können uns selbst entscheiden? Tragen wir füreinander Verantwortung? Tragen wir für unser Leben Verantwortung und – wenn ja – vor wem? Wohin gehen wir?

Die erste Inspiration für dieses Büchlein entstand nach einem mich faszinierenden Gespräch mit meinem Neffen Martin und seiner Freundin Verena. Das Angebot an Lebensauffassungen und Weltanschauungen hat sich die letzten Jahrzehnte auf Grund der Medien enorm erweitert. In allen Lebensbereichen entsteht vor unseren Augen ein fantastischer Markt. Einflüsse prasseln auf uns nieder. Sie bringen uns Chance und zugleich auch Risiko. Hier ist das Angebot mit der besten Werbebotschaft. Daneben finden wir die Versuchung mit dem auf den ersten Blick am einfachsten zu lebenden Angebot. Unsere innere Sehnsucht nach Wahrheit und Leben in Fülle hat es nicht leicht.

Die zweite Inspiration für dieses Büchlein verdanke ich meiner Erkrankung an einer seltenen, langsam wachsenden Krebserkrankung. Sie forderte mich tief in meinem Innern zur Entscheidung. Ist mein Gott wirklich mein Retter, mein Heil? Liebt er mich wirklich? Liebe und vertraue ich ihm ganz? Ist das Glaubensbekenntnis um Jesus Christus wirklich wahr? Kann ich Jesus Christus und seiner Kirche mein uneingeschränktes Ja geben? Gibt es ein Leben nach dem Tod? Und welche Verbindung zu den auf der Erde Lebenden gibt es nach dem Tod? Es genügte auf einmal nicht mehr, nur oberflächlich katholisch zu sein. Ich verwendete viel Zeit mit Nachdenken und Beten. Auch das Lesen von Büchern von und über Menschen, die Jesus Christus dieses Ja ganz gegeben haben, öffnete mir eine noch nicht erfahrene tiefe Gewissheit. Sie erlebten Gott als wirklichen Freund und Heiland. Sie erlebten einen persönlichen Gott, der mit und bei ihnen spürbar war und ist! Sie erkannten die alles entscheidende Wahrheit: Jesus Christus ist der Sohn Gottes, beim IHM ist Heil und Zukunft.

Für die dritte Inspiration sorgten einige junge Menschen, die grundsätzlich als gläubige Christen ihr Leben gestalten, jedoch unsicher sind. Verschiedene christliche oder katholische Standpunkte sind ihnen unverständlich oder nicht mit dem eigenen Leben übereinstimmend. Ich erlebte, dass viele dieser Zweifel auf mangelnde oder falsche Glaubensinformationen zurückgehen. Ihr Blick wendet sich in dieser Unsicherheit suchend zu anderen Religionen und Weltanschauungen. Beliebte Ziele sind hier der Buddhismus und der Glaube an kosmische Energien. Der schöne Glaube an einen allmächtigen, persönlichen und liebevollen Gott ging oft verloren und muss erst wieder neu entdeckt werden.

Jesus hat mich eingeladen. Von der ersten Sekunde meines Lebens an hat er mir einen Platz auf seiner „Party" angeboten. Diese „Party" beginnt hier auf der Erde und hat kein Ende in Ewigkeit. Auch wenn ich immer wieder wanke und die gute Spur verlasse, habe ich die Gewissheit gefunden, dass es keine andere erstrebenswerte „Party" gibt.

Die Alternativen konnten mich nicht überzeugen. Was am Beginn gut klang, offenbarte mir bald auch seine dunkle Seite. Wirkliches Licht fand ich nur bei Jesus Christus! Die Erkenntnis, dass ER der Sohn Gottes ist und ER mich liebt, stellte alles andere in den Schatten. Diese Liebe, die von Ewigkeit zu Ewigkeit dauert und sich um mich bemüht, übersteigt alles andere. In dieser Überzeugung liegen mein Schatz, meine Freude und mein Glück. Mir ist aber auch bewusst: Solange ich diesen Schatz nicht als Wahrheit erkennen kann und er für mich lediglich eine von Menschen erdachte Geschichte ist, kann ich die große Freude nicht erleben. Mein größtes Geschenk wäre es, wenn dieses Büchlein mithelfen dürfte, die Türe von so manchem Herzen ein wenig für dieses Geheimnis zu öffnen. Ich für mich fand eine Menge an Argumenten für mein Ja zu Jesus Christus, als Sohn Gottes. Diese meine Gedanken sollen ein Geschenk an dich sein. Ich bin mir sicher, dass Jesus Christus jeden einzelnen Menschen persönlich zu seiner „Party" einlädt. Er schenkt dir diese Gnade. Oft verwendet er dazu die Bibel, ein gutes Buch, einen Priester, eine Freundin, einen Freund oder er spricht dich persönlich an. Wirklich: Gott liebt dich!

Klaus Wundlechner

Erste grundlegende Frage:
Gibt es einen Gott?

Leben

Jeder von uns hat eine gewisse Zeit, die er auf dieser Welt leben darf. Für den einen sind es nur wenige Augenblicke, für den anderen eine Jugend lang und wieder ein anderer wird viele Jahrzehnte alt. Während die einen ein Leben lang reich und gesund sind, erleben wir auch das vollkommene Gegenteil. Kurz gesagt, das Leben auf dieser unserer Erde hat viele verschiedene Gesichter und es stellt auch eine Reihe offener Fragen.

Wo kommt das Leben her?
Welchen Sinn hat dieses so unterschiedliche Leben? Und warum ist es so gegensätzlich?
Ist unser Leben ganz dem Schicksal überlassen oder wird es geführt?
Wie steht es mit meiner freien Entscheidung?
Gibt es eine Gerechtigkeit? Wo finde ich wirkliches Angenommensein und Liebe?
Was ist meine Aufgabe, was liegt in meiner Hand?

Kann ich mitten im Leben – egal, was passiert ist – nochmals ganz von vorne beginnen?

Was geschieht nach einem so fragwürdigen Leben? Ist der Tod das Ende?

Wie kann ich die Wahrheit finden?

Und schließlich die Frage nach der tief im Herzen empfundenen Freude am Leben!

All diese offenen Fragen lassen uns zu Suchenden werden. Aus dieser Suche entspringt die tiefste aller Fragen: Gibt es einen Gott?

Im Verlauf dieses Büchleins werden immer wieder die oben gestellten Fragen berührt.

Grundüberlegung

Wir werden gezeugt und geboren. Unsere Kindheit ist idealerweise unseren Eltern oder anderen fürsorglichen Erwachsenen anvertraut. Doch schon bald regt sich unser eigenes Nachdenken und Nachfragen. Immer noch sehr intensiv durch unsere Umwelt geprägt, werden wir erwachsen. Immer stärker drängt sich unserem Leben die eigene Verantwortung auf. Wir werden zu Entscheidungen gezwungen. Wir freuen uns auf unseren eigenen Weg.

Diese Freiheit, die unser Menschsein prägt, führt uns regelmäßig an kleine und größere Wegkreuzungen: links oder rechts. Immer wieder stehen wir vor der Frage: ja oder nein?

Unser Leben wird nun spannend. Sollen wir mit der Mehrheit gehen oder schwimmen wir auch gegen den Strom? Versuchen wir zu lernen oder sind wir immun gegen andere Meinungen? Leben wir den Egoismus oder öffnen wir uns unserer Umwelt? Sehen wir nur die Lust des Augenblicks oder übernehmen wir auch Verantwortung für unser Tun?

„Die Entscheidung, tiefer in das Leben einzusteigen, muss jeder für sich treffen." (Tagesspruch)

Zufall

Das Sandkorn, die schöne Pflanzenwelt, die zahlreichen Tiere, unsere sich immer bewegende und schwebende Erde, das unendliche Weltall und schließlich wir Menschen: Unzählige Stunden beschäftigen sich Philosophen und Forscher damit, wie dieses Wunder entstehen konnte. Verschiedene Theorien werden erstellt und auch wieder in Frage gestellt. Endstation der Erkenntnis war, ist und es wird wohl auch so bleiben, die Frage nach dem Beginn und dem Ende. Kann alles Geschaffene aus dem Nichts kommen, und wenn ja, was bedeutet das Nichts? Anders herum: Wird alles – das gesamte Weltall – ins Nichts verschwinden? Werden die Abermillionen Sonnen irgendwann an ein Nichts anstoßen oder was wird sie bremsen? Selbst wenn sie verglühen, was geschieht mit dem Raum, in dem sie verglühen? Alles Zufall?

„Die wunderbare Einrichtung und Harmonie des Weltalls kann nur nach dem Plane eines allwissenden und allmächtigen Wesens zustande gekommen sein. Das ist und bleibt meine letzte und höchste Erkenntnis." (Isaac Newton, Entdecker des Gravitationsgesetzes)

Schöpferkraft

In der Natur finden wir eine großartige Schönheit an Farben, Formen und Wesen. Sie scheint einem durchdachten Plan zu folgen. Je tiefer wir die Natur betrachten, umso größer sind die Wunder, die sich uns dabei zeigen.

„Die Annahme, dass das Auge durch die Evolution entstanden sei, erscheint, wie ich offen bekenne, im höchsten Grade als absurd." (Darwin)

Ohne unser Herz und unseren Geist bewusst dafür zu verschließen, wird uns unser Suchen früher oder später zu einer schöpferischen Kraft führen. Es gibt eine Kraft, die wohl von Ewigkeit her vorhanden ist. Eine unheimliche Energie, die nicht geschaffen ist. Gott!

„Der tiefste Gehalt der Sünde ist es, dass der Mensch sein Geschöpfsein leugnen will, weil er das Maß und die Grenze nicht annehmen möchte, die darin eingeschlossen sind. Er will nicht Geschöpf sein, will nicht gemessen sein, will nicht abhängig sein. Er deutet seine Abhängigkeit von Gottes schöpferischer

Liebe als Fremdbestimmung. Fremdbestimmung aber ist Sklaverei; von Sklaverei muss man sich frei machen. So will der Mensch selbst Gott werden … Aber der Mensch, der die Abhängigkeit von der höchsten Liebe als Sklaverei betrachtet und der seine Wahrheit – sein Geschaffensein – leugnen will, der wird nicht frei; der zerstört die Wahrheit und die Liebe. Er macht sich nicht zum Gott – das kann er nicht, sondern zur Karikatur, zum Pseudo-Gott, zum Sklaven seines Könnens, das ihn zersetzt.“ (Joseph Kardinal Ratzinger. Im Anfang schuf Gott. Johannes Verlag Einsiedeln, Freiburg 1996)

Sehnsucht

Da wir Menschen letztendlich eine Frucht dieser Schöpfung sind, finden wir in unserem Innersten eine Sehnsucht nach diesem schöpferischen Gott. Diese Sehnsucht ist nicht einfach zu greifen, sie ist ein geistliches Wesen. Diese Sehnsucht führt uns zu dem Geist, der alles Leben schafft. Sie ist nicht laut. Sie offenbart sich meist in der Ruhe. Sie wird genährt durch unsere Liebe und durch unsere Demut vor dem Schöpfergott. Der

Mensch macht sich auf die Suche nach dem Ursprung dieser Sehnsucht. Diese Sehnsucht in uns bemüht sich, ständig eine Verbindung zu dem Schöpfer zu halten. Sie weiß um die Größe und Schönheit dieser Verbindung. Folgen wir unserer Sehnsucht!

„Die ganze irdische Welt kann eine für Gott geschaffene Seele so wenig sättigen wie eine Fingerspitze voll Mehl einen Ausgehungerten." (Johannes Maria Vianney, Pfarrer von Ars)

Reichtum, Macht, Vergnügen, ja selbst Gesundheit, Glück und Freundschaft können die tiefe Sehnsucht in uns nur zeitweise unterdrücken. Unsere Seele sehnt sich nach mehr: nach dem Schöpfer, nach Gott!

Öffnen

Inzwischen bin ich überzeugt, dass wir in eine große Freiheit hineingeboren wurden. Die Sehnsucht nach dem Schöpfergeist ist grundgelegt. Irgendwie verweigern wir uns aber leicht seinem Wirken. Wir meinen, er ist nicht wirklich da und hat nichts mit unserem täglichen Leben zu tun. Wir fühlen uns so stark, glücklich, mutig und intelligent, dass wir Gott nicht mehr benötigen und ihn, wenn überhaupt noch, nur wie einen Notfallschirm mit uns tragen: Klein soll er sein, für andere nicht sichtbar, für uns nicht fühlbar, aber im Notfall bereit sein, uns zu retten. Hoffen wir, dass wir im Notfall nicht Probleme haben, ihn zu „bedienen" ...

Das Gefühl, Gott nicht mehr im Alltag zu benötigen, ist wohl der größte Irrtum unserer heutigen Zeit. Die Abkehr von Gott lässt ein großes geistliches Vakuum entstehen. Wer wird es füllen? Welcher Gott oder welche Macht wird einziehen? Wie leicht nehmen wir unser beschränktes Wissen und unsere Gedanken als das Maß aller Dinge an. Schnell wollen wir uns und auch unsere Umwelt nach diesen Kriterien ordnen.

Hier entdeckte ich die größte Gefahr für mein Leben. Mir fehlte die Liebe und die Demut, den Willen dieses Schöpfers anzunehmen. Unzählige Ausreden und eine Menge an Erklärungen lege ich mir bereit, um andere Wege zu gehen. Oft vollkommen unbewusst und manchmal mit klarem Kalkül. Manches hinterlässt ein schlechtes Gewissen, manches auch nicht. In zahlreichen Punkten habe ich erst später erkannt, wie ich mein Gewissen durch Ablenkung, falsche Informationsquellen und auch durch zu wenig Offenheit für die Wahrheit verdunkelt habe.

Die folgende Stelle aus dem Neuen Testament (Apg 28,27) hat mich betroffen gemacht:

Denn das Herz dieses Volkes ist hart geworden /
und mit ihren Ohren hören sie nur schwer /
und ihre Augen halten sie geschlossen, /
damit sie mit ihren Augen nicht sehen /
und mit ihren Ohren nicht hören, /
damit sie mit ihrem Herzen nicht zur Einsicht kommen, /
damit sie sich nicht bekehren und ich sie nicht heile.

Ich möchte es allen sagen: Öffnet Augen, Ohren und Herz für den Geist des Schöpfers! Auch, wenn ihr ihn noch nicht kennt! Macht euch auf die ehrliche, demütige und liebevolle Suche! Lasst euch von dem schöpferischen Geist berühren. Nur die

Wahrheit bringt wirkliches Heil. Gebt euch nicht mit Ersatzbefriedigungen ab. Seht in den Genüssen der Erde nicht den Ersatz für die Beziehung zu Gott. Sucht diese Wahrheit mit Leidenschaft und mit dem großen Vertrauen, dass die Kraft, die hinter allem steht, nichts anderes will, als dass wir diese Wahrheit finden, erkennen, lieben und dabei glücklich werden.

Der folgende Satz von Papst Benedikt XVI., den er am 25. September 2011 in Deutschland sagte, kann allen Suchenden unter uns Mut machen:

„… *Agnostiker, die von der Frage nach Gott umgetrieben werden; Menschen, die unter ihrer Sünde leiden und Sehnsucht nach dem reinen Herzen haben, sind näher am Reich Gottes als kirchliche Routiniers, die in ihr nur noch den Apparat sehen, ohne dass ihr Herz davon berührt wäre, vom Glauben berührt wäre* …"

Ergebnis

Wenn wir die Natur und Schöpfung betrachten, stoßen wir nicht einfach auf die Person Gottes, denn Gott ist kein Teil der Natur und der Schöpfung. Gott ist nicht in einem bestimmten natürlichen Gesetz zu entdecken. Der Grund dafür ist einfach: Gott ist der Schöpfer. Unser Weg liegt darin, aus all den Zusammenhängen, Erfahrungen und Feststellungen innerhalb der Natur mit unserem menschlichen Verstand eine schöpferische Hand, einen Gott, zu erkennen.

„Wer die Wahrheit sucht, sucht Gott, ob es ihm klar ist oder nicht." (Edith Stein)

Das Finden und Annehmen der Wahrheit hat unzählige Gesichter und Wege: kurze und lange Entfernungen. Umwege und direkte Verbindungen. Klarheit und Zweifel. Erlebte Wunder und geheime Führungen. Streit und Frieden. Ruhe und Unruhe. Hass und Liebe. Misstrauen und Vertrauen. Hinhören und Abweisen. Egoismus und Nächstenliebe. Gotteserfahrung und Dunkelheit. Gesundheit und Krankheit. Leiden und

Glück … Vor allem ist der Weg zur Wahrheit ein Weg der Umkehr, des Verlassens von Falschheit und Sünde. Es ist ein Weg des Auffindens eines Juwels, eines Schatzes und ein Erfreuen an dem Guten und Schönen.

Ich bin überzeugt, dass es eine schöpferische Kraft, einen lebendigen Gott, gibt. Diese Erkenntnis wünsche ich allen Menschen.

„Wohin und wie weit wir also blicken mögen, zwischen Religion und Naturwissenschaft finden wir nirgends einen Widerspruch, wohl aber gerade in den entscheidenden Punkten volle Übereinstimmung. Religion und Naturwissenschaft schließen sich nicht aus, wie heutzutage manche glauben und fürchten, sondern sie ergänzen und bedingen einander. – Gott steht für den Gläubigen am Anfang, für den Physiker am Ende allen Denkens." *(Max Planck, deutscher Physiker)*

Gott ist aus seiner Schöpfung erfahrbar!

Zweite grundlegende Frage:
Ist es gleichgültig, an welchen Gott ich glaube und in welcher Religion ich lebe?

Gott

Egal, an was wir Menschen glauben: Letztlich hat DER Gott das Weltall erschaffen. Es kann nur durch DEN Gott geschehen sein. Aller Ursprung oder das von Ewigkeit her Bestehende ist so, wie es eben ist, und das völlig unabhängig von dem, was wir glauben. Es kann nur die eine Wahrheit geben. Jede unserer Taten und jeder Gedanke von uns, der wirklich guten Willens ist – voll Wahrheitssuche, Liebe und Demut –, landet eben bei diesem Gott.

Religionen

Eine heute übliche Meinung ist, dass es doch egal sei, an welchen Gott man glaubt beziehungsweise in welcher Religion ein Mensch lebt. Es ist doch letztlich immer der gleiche

Gott. Und Gott hat sich wohl in verschiedenen Regionen der Welt in unterschiedlicher Art und Weise geoffenbart.

Bei diesem Gedankengut kommt früher oder später die Frage nach der Wahrheit. Je nach Religion glaube ich an ständige Wiedergeburten, an ein Auflösen aller Gefühle bei optimalem Leben, an eine von einem willkürlich handelnden Gott geplante Ewigkeit, an ein ewiges Wirken des barmherzigen Gottes usw. Es gibt in den Religionen zum Teil komplett verschiedene Gottesbilder. Entscheidende Lebensinhalte werden selbst bei den großen Religionen unterschiedlich bewertet. Ich glaube, dass in vielen Religionen gute Inhalte enthalten sind. Oft finden wir aber auch zutiefst Menschenunwürdiges. Es kommt mir so vor, als ob nicht alles von Gott abstammen kann. Menschliche Fantasie und Machtdenken können ein Ursprung sein. In manchen Fällen, davon bin ich persönlich überzeugt, auch die Versuchung durch böse Mächte. Selbstverständlich aber auch wirkliches Suchen nach dem Guten: die Sehnsucht, die uns ins Herz gelegt wurde.

„Plus, Minus, Mal und Geteilt – alles hat sein Gesetz. Warum sollte es gerade bei der Religion keine Wahrheit geben?" (anonymes Zitat)

Anfragen an die verschiedenen Religionen außerhalb des Christentums

Ohne mein Zutun wurde ich in eine christliche Familie hineingeboren. Angetrieben durch die permanente Frage nach der Wahrheit, habe ich im Laufe meines Lebens immer wieder überlegt, ob die Wahrheit außerhalb meines christlichen Glaubens liegt. Ich informierte mich intensiv, wie schon zu Beginn des Büchleins beschrieben, über zahlreiche Religionen und Weltanschauungen. Durch den Schülerkreis, der mich durch eine zweijährige Heilpraktikerschule begleitete, wurden mein Interesse und auch mein Wissen im esoterischen Bereich breit angelegt. Ich „verschlang" verschiedenste Grundlagenwerke und kam bis an die Grenzen des Satanismus. Es würde den Rahmen dieses Büchleins sprengen, im Detail darauf einzugehen.

Die folgende Kurzdarstellung einer Auswahl von Religionen und Weltanschauungen begrenze ich auf ein Zitat und je drei Punkte, die mir persönlich immer wieder die Schönheit des christlichen Glaubens bestätigten. Selbstverständlich habe ich neben den für mich negativen Argumenten auch viele gute und schöne Inhalte gefunden. Im Gegenzug fand ich auch in der Geschichte der Christenheit Unrühmliches und krasses Fehlverhalten. Ich kam jedoch zu dem Ergebnis, dass überall dort, wo Menschen wirken, Schuld und Fehler geschehen. In meiner Suche waren mir die Grundhaltungen der einzelnen Religionen, die Aussagen der Gründer und deren Lehre entscheidend. Über das Internet ist die intensive Beschäftigung mit den einzelnen Religionen und Weltanschauungen jederzeit möglich. Allerdings überwiegen hier die dem heutigen Zeitgeist entsprechenden Auslegungen. Es erfordert eine gezielte Suche, um auch an die kritischen Argumente zu gelangen.

Wichtig ist mir, dass keiner meiner folgenden Punkte dazu gedacht ist, einzelne Menschen zu beleidigen oder zu diskriminieren. Mir ist bewusst, dass die meisten Menschen, auch in diesen Religionen und Weltanschauungen, guten Willens und guten Herzens leben. Es ist kein Urteil über eine Person. Es sind meine Gedanken und Erkenntnisse nach wirklicher Gewissensentscheidung.

Esoterik/New Age

- Kann eine Weltanschauung gänzlich ohne einen Gott auskommen? Die Frage nach dem Woher und Wohin bleibt offen. Jesus wird oft als erleuchteter, mit spiritueller und kosmischer Kraft ausgestatteter Mensch und Guru angesehen. Diese Stufe kann angeblich jeder mit eigener Anstrengung erreichen. Es gibt dazu allerdings verschiedenste Ansichten.
- Der Weg der Esoterik – Geheimwissen – führt nicht zur wirklichen Freiheit, sondern schafft einen Kreislauf von Abhängigkeiten. Was zu Beginn wie ein helles Licht erscheint, wird mit der Zeit zum einengenden Dunkel. Im medizinischen Wirken der Esoterik werden aus anfänglichen Heilungserlebnissen oft neue und tiefere Krankheiten im seelischen Bereich. Dies wurde mir von verschiedenen Therapeuten bestätigt. Oft helfen nur noch befreiende Gebete eines Priesters.

- Esoterik und New Age sind von Anfang an auf eine Gegnerschaft zu einem personalen Gott aufgebaut. Teilweise wird dies öffentlich durch die Verwendung der Zahl 666 angedeutet. Wenn wir die Geschichte der Esoterik und des New Age betrachten, kommt dies deutlich zum Vorschein. Es gibt auch formulierte Ziele, die das Auflösen aller Religionen in das New Age planen und eine gemeinsame Weltherrschaft als Ziel nennen. Die Freiheit der einzelnen Menschen soll dabei nicht mehr geduldet werden. Die Folge: Mit der Anwendung esoterischer Praktiken wird der natürliche Gottesbezug im Menschen gestört.

„Zahlreiche Menschen spüren in ihrem Leben Orientierungslosigkeit und sind auf der Suche nach dem Religiösen. Es fällt ihnen jedoch schwer, sich Gott anzuvertrauen und unterzuordnen. Oft lassen sie sich auf spirituelle und esoterische Angebote, kosmische Kräfte, okkulte Praktiken, Beschwörungen und Schamanentum ein. Sie erhoffen sich dabei, das Göttliche selbst steuern zu können und sich nicht unter einen Gott stellen zu müssen. Leider

geht dieser Wunsch nicht in Erfüllung. Die gerufe-
nen Geister haben ihre Wirkung und führen nicht
zur erhofften Freiheit." (frei nach einem Vortrag)

Universumsglaube

- Der Glaube an die alles entscheidende Kraft des Universums ist meiner Meinung nach im tiefsten Inneren eine Geburt des Egoismus. Wir verzichten auf einen Gott und stellen das Geschöpf – Universum, Natur und Mensch – in den Mittelpunkt. In der Bibel wird uns dieses Verhalten als die Ursünde und die Trennung von Gott vorgestellt. Dieses Verlangen, letztendlich auf einer Stufe mit Gott zu stehen, durchzieht die gesamte Geschichte der Menschheit. Wir verschließen uns dadurch der Offenbarung Gottes. Aus diesem Grund sehe ich darin eine Versuchung des Bösen.

- Der Glaube an das Universum ist eng mit der Esoterik verwandt und schafft ebensolche Abhängigkeiten, die ein Leben stark ins Negative beeinflussen können. Maßgebliche Einflussnahme der Sternenkonstellationen auf unser Leben engt uns ein und nimmt uns die Freiheit. Persönliche Entscheidungen werden oft von Dingen und Empfehlungen abhängig gemacht, die willkürlich sind.

- Kosmische Weihungen und Energieaufladungen durch unsichtbare Schwingungen täuschen einen Bezug zum Göttlichen vor. Wir weihen uns hier jedoch nicht Gott, sondern einem Geschöpf bzw. sogar einem Gegner Gottes. Diese Segnungen führen von Gott weg.

„Paulus erinnert die Epheser daran, wie sie vor ihrer Begegnung mit Christus ‚ohne Hoffnung und ohne Gott in der Welt' waren (Eph 2,12). Natürlich weiß er, dass sie Götter hatten, dass sie Religion hatten, aber ihre Götter waren fragwürdig geworden, und von ihren widersprüchlichen Mythen ging keine Hoffnung aus … Das Göttliche wurde in verschiedenen Weisen in den kosmischen Mächten gesehen, aber einen Gott, zu dem man beten konnte, gab es nicht. Paulus schildert die wesentliche Problematik der damaligen Religion durchaus sachgerecht, wenn er dem ‚Leben gemäß Christus' ein Leben ‚unter der Herrschaft der Elemente des Kosmos' entgegenstellt (vgl. Kol 2,8) … Nicht die Elemente des Kosmos, die Gesetze der Materie, herrschen letztlich über die Welt und über den Menschen, sondern ein per-

sönlicher Gott herrscht über die Sterne, das heißt über das All; nicht die Gesetze der Materie und der Evolution sind die letzte Instanz, sondern Verstand, Wille, Liebe – eine Person. Und wenn wir diese Person kennen, sie uns kennt, dann ist wirklich die unerbittliche Macht der materiellen Ordnungen nicht mehr das Letzte; dann sind wir nicht Sklaven des Alls und seiner Gesetze, dann sind wir frei. Ein solches Bewusstsein hat die suchenden und lauteren Geister der Antike bestimmt. Der Himmel ist nicht leer. Das Leben ist nicht bloßes Produkt der Gesetze und des Zufalls der Materie, sondern in allem und zugleich über allem steht ein persönlicher Wille, steht Geist, der sich in Jesus als Liebe gezeigt hat." (Papst Benedikt XVI. in seiner Enzyklika SPE SALVI über die christliche Hoffnung)

Hinduismus

- Der Hinduismus besteht aus verschiedenen Strömungen, die unterschiedliche Vorstellungen von Gottheiten, spiritueller Lebensweise und z. B. dem Leben nach dem Tod haben. In der Regel glaubt man im Hinduismus an die Reinkarnation bis zum endgültigen Auflösen in der Weltseele. Das einzelne Individuum lebt dann nicht mehr weiter. Einen hohen Stellenwert haben in dieser Religion die einzelnen Lehrer, die Gurus. Ihnen muss sich der Einzelne unterordnen.

- Da die Form der Wiedergeburt (z. B. krank, arm oder als Tier) vom vergangenen Leben, dem Karma, abhängt, sind die Armen und Benachteiligten selbst an ihrem Schicksal schuld. Die Menschen leiden oft sehr an ihrer Hilflosigkeit, fehlerfreie Menschen zu werden. Ein weiteres Problem tut sich auf: Wird einem Menschen in seinem Leid geholfen, kann dies zur Folge haben, dass er im nächsten Leben nochmals mit dem schlechten Karma leben muss. Dies mindert sehr stark die Bereitschaft zur Hilfe für den Nächsten. Verschiedene Arten von Yoga sollen helfen, in dieser Hierarchie nach oben zu kommen.

- Problematische Folgen hat die Einteilung der Menschen in das Kastensystem. Die Lebewesen werden von Geburt an nach Aufgaben, Rechten, Pflichten und Fähigkeiten streng voneinander getrennt. Für die einzelnen Kasten gibt es unterschiedliche religiöse und kultische Vorschriften, die sich in allen Bereichen des Lebens äußern.

Die erste Kaste studiert z. B. heilige Schriften, die zweite hat königliche Aufgaben und soll sich um Schwache kümmern, dann folgen die Händler und Hirten, anschließend die dienende Kaste und am Ende die Dalits, früher als die Unberührbaren bezeichnet, die z. B. für Toiletten- und Straßenreinigung zuständig sind.

„Mit uns im Aufzug war ein junges Mädchen, das die Gelegenheit wahrnahm, den Guru anzusprechen und ihm eine Frage zu stellen: ob sie gut daran täte, sich zur Krankenschwester ausbilden zu lassen. ,Ja nicht! Der Umgang mit Kranken würde Ihren Vibrationsgrad senken!' ... Berufe, die sich mit dem Gesundheitswesen befassen ..., können aber nicht mehr ausgeübt werden, wenn der Ausübende einen bestimmten Grad seiner Evolution erreicht hat, der mit der Forderung verknüpft ist, dass man sich von allen Menschen mit einem schweren Karma fernhalten solle ... Die Reaktionen des Guru standen im Einklang mit dem Weltbild, dem Menschen- und Gottesbild, wie sie im Verlauf unserer Gespräche zutage getreten waren ... Paradoxerweise war ich durchaus entschlossen, den Weg der Auflösung meiner eigenen persönlichen Dimension zu Ende zu ge-

hen." (Joseph-Marie Verlinde, Die verbotene Erfah-
rung, UNIO Verlag. Herr J.-M. Verlinde lebte als
katholischer Christ, konvertierte über die Esoterik
und den Buddhismus hin zum Hinduismus, kehrte
nach zahlreichen Jahren wieder zu seinem ursprüng-
lichen Glauben zurück und wurde Priester.)

Buddhismus

- Der Buddhismus glaubt nicht an eine ewig
  lebende Seele, sondern an den Kreislauf der
  Wiedergeburt. Wir finden diesbezüglich die
  gleichen Probleme wie beim Hinduismus.
  Vorübergehend besteht auch das Risiko bis
  zu einer Wiedergeburt in eine der weit über
  100 Höllen zu gelangen. Das Kastensystem ist
  ihm jedoch fremd.

- Im Westen erscheinen das Meditieren im
  Buddhismus und die gefühlte Freiheit, tun
  und lassen zu können, was einem gut dünkt,
  als Anreiz. Der Buddhismus in seiner Light-
  version gilt als modern. Es gibt wenige Glau-
  bensgrundsätze. Selbst Buddha sagt, dass
  sein Wissen keine Offenbarung sei, sondern
  Frucht der meditativen Schau. Diese sei allen
  möglich. Andererseits sind zahlreiche okkulte

Praktiken bekannt, ebenso besteht beängstigender Dämonenglaube und die Verehrung durchaus grausamer Gottheiten. Davon wird bei uns wenig gesprochen. Gerade der tibetische Buddhismus, dem der in unseren Landen so berühmte Dalai Lama angehört, verkündet im Westen und in Indien zu wichtigen Fragen oft Gegensätzliches. Hier gilt, dass nicht alles Gold ist, was glänzt. Vorsicht ist angeraten.

- Der Buddhismus schleicht sich in unsere Gesellschaft z. B. durch das Malen von Mandalas ein. Mandalas werden im Buddhismus aufgezeichnet, um damit Buddhas, Götter oder Dämonen anzurufen und einzuladen, im „Mandala-Palast" ihren Wohnsitz aufzuschlagen. Ob christliche oder neutrale Mandalas problematisch sind, kann ich nicht beurteilen. Nachdenklich machen kann uns, dass das Mandala an sich ein religiöses Zeichen und Instrument darstellt.

„Und während nun der Mensch des Westens die Heilmittel für seine Übel im Osten sucht, trifft er dort, im Herzen jenes vermeintlich ‚paradiesischen' Indiens, zu seinem großen Erstaunen auf eine kleine

Westlerin im blaugesäumten weißen Sari, die Sterbende einsammelt und Neugeborene aus den Mülltonnen zieht! Ist es nicht von großer Bedeutung, dass einer der größten Propheten unserer Tage, Mutter Teresa, von Gott mitten in ein Land geschickt worden ist, von dem der müde Westen das Heil erwartet: um diesem Land die Hoffnung im Namen Jesu zu verkünden.“ (Joseph-Marie Verlinde, Die verbotene Erfahrung, UNIO Verlag)

Islam

- Der um das Jahr 600 n. Chr. von Mohammed gegründete Islam besteht aus jüdischen und christlichen Elementen, die mit weiteren Bausteinen ergänzt wurden. Das wichtigste Buch, der Koran, ist Gottes Wort, wurde durch den Erzengel Gabriel diktiert und muss wörtlich ohne Diskussion gelebt werden. So sieht es der Islam. Gott ist im Islam zwar barmherzig, aber auch willkürlich.

- Die Inhalte des Korans sind stark widersprüchlich. Während der erste Teil zahlreiche gute Aussagen enthält, entwickelte sich der von Mohammed später geschriebene Teil stark zur Gewalt. Viele Gläubige sehen den zweiten Teil, da er ja später entstand, als den wichtigeren Inhalt. Ein weiteres Problem ist, dass der Koran nicht interpretiert werden darf, sondern Wort für Wort Gültigkeit hat. Schwierig ist die Situation der Frau im Islam. Ein Mann kann z. B. mehrere Frauen ehelichen, auch zählt die Stimme einer Frau vor Gericht in der Regel nur die Hälfte. Sie wird somit praktisch entrechtet. Mohammed selbst hatte mehr als die vier im Islam zulässigen Frauen. Dies wurde ihm angeblich durch Allah als Sonderregelung erlaubt.

- Religionswechsel bringt in vielen Fällen Risiko für Leib und Leben. Religion, Gesellschaft und Politik sind eins. Eine wirkliche Demokratie ist nicht vorstellbar. Wird der so genannte Heilige Krieg ausgerufen, müssen ihm alle folgen.

„Mir kann niemand erklären, dass die muslimischen Frauen in ihrer Situation glücklich sind. Ich erlebte ihre Abgeschirmtheit, ihre Angst und ihre Demütigungen." (Lehrerin, die über einige Jahre muslimischen Frauen zu Hause Sprachunterricht geben durfte)

Anthroposophie

- Die Anthroposophie ist eine durch Rudolf Steiner (1861–1925) stark beeinflusste Glaubensrichtung, die ihre Inhalte aus verschiedenen Religionen entnimmt. Sie wird öfter als Ersatzreligion des Bürgertums bezeichnet. Die Anthroposophie glaubt an Jesus Christus, der ständig in Kontakt bzw. Einfluss der kosmischen Kräfte gelebt habe. Ebenso glaubt sie an die Lehre der Reinkarnation, also der Wiedergeburt.

- Eine große Schwierigkeit sehe ich in der schleichenden Unterwanderung der Gesellschaft mit den Ansichten der Anthroposophie. Eindeutig anthroposophischen Ursprungs und Prägung sind die Waldorfschulen, die biologisch-dynamische Landwirtschaft sowie ihre eigene Medizin (zum Beispiel Produkte von Weleda). Auch im Bekleidungssektor ist das anthroposophische Gedankengut bereits angekommen.

- Sonderbare spirituelle Praktiken und Überzeugungen, z. B. in Medizin und Landwirtschaft, sind bekannt. Die klarsten Antworten dazu finden wir in den Vorträgen von Rudolf Steiner selbst, die auch im Internet nachzulesen sind.

Ein Beispiel folgt nach diesem Text. Auch die offiziellen Anleitungen für die biologisch-dynamische Landwirtschaft sind eindeutig. Ein Beispiel: In Abhängigkeit zu den Planetenkonstellationen wird Quarzmehl in Kuhhörnern (von Kühen, die mindestens einmal gekalbt haben) vergraben. Nach mehreren Monaten, angereichert mit den verschiedensten Energien und kosmischen Kräften, wird es wieder ausgegraben und anschließend gleichmäßig auf die Felder verteilt. Damit soll ein besseres Wachstum erreicht werden. Dies ist noch eine der einfacheren Empfehlungen, die wirklich in der täglichen Praxis angewendet werden. Wir sind zur Vorsicht aufgerufen, um keine falschen Kräfte in uns einzulassen.

„Aber mit der Zeit verliert sich die Blondheit, weil das Menschengeschlecht schwächer wird. Und die Erdenmenschheit würde vor der Gefahr stehen, dass die ganze Erdenmenschheit eigentlich dumm würde, wenn nicht das kommen würde, dass man eine Geisteswissenschaft haben wird, eine Anthroposophie ... Die blonden Haare geben eigentlich Gescheitheit. Geradeso wie sie wenig in das Auge hineinschicken,

so bleiben sie im Gehirn mit ihren Nahrungssäften,
geben sie ihrem Gehirn die Gescheitheit. Die Braun-
haarigen und Braunäugigen und die Schwarzhaa-
rigen und Schwarzäugigen, die treiben das, was die
Blonden ins Gehirn treiben, in die Haare und Au-
gen hinein." (Rudolf Steiner in seiner Schrift „Über
Gesundheit und Krankheit. Grundlagen einer geis-
teswissenschaftlichen Sinneslehre")

Kommunismus

- Eine Gesellschaft ohne Gott geht auf Dauer
  unter. Allein auf menschliche Planung ge-
  stützt, gibt es keine gute Zukunft. Der Kommunismus führt – so zeigt die Erfahrung –
  nicht in die Gleichheit aller, sondern in die
  Diktatur.

- Wer den Menschen Gott nimmt, entzieht ihnen Glaube, Hoffnung und Liebe.

- Gemeinschaftliche staatliche Erziehung führt
  schnell zu einer fremdbestimmten Gesellschaft. Im Kommunismus verraten die Kinder ihre Eltern. Das tiefste Band – die Familie – wird zerstört. Aus Mutter und Vater,
  aus Mann und Frau werden Produktionsein-
  heiten. Ich kann mich dem Eindruck nicht

verschließen, dieses Familienbild auch in der aktuellen politischen Meinung immer mehr wiederzuerkennen …

„Kapitalismus ist die Ausbeutung des Menschen durch den Menschen. Im Kommunismus ist es genau umgekehrt." (Aus Polen)

Kapitalismus
- Es besteht die Gefahr, dass allein der Genuss im Mittelpunkt steht.
- Der Blick auf den Nächsten wird leicht verdunkelt. Der Egoismus rückt sehr schnell in den Mittelpunkt. Alles orientiert sich an Reichtum und Macht.
- Der Schwächere verliert.

„Es ist Aufgabe des Staates, für die Verteidigung und den Schutz jener gemeinsamen Güter, wie die natürliche und die menschliche Umwelt, zu sorgen, deren Bewahrung von den Marktmechanismen allein nicht gewährleistet werden kann. Wie der Staat zu Zeiten des alten Kapitalismus die Pflicht hatte, die fundamentalen Rechte der Arbeit zu verteidigen, so haben er und die ganze Gesellschaft ange-

sichts des neuen Kapitalismus nun die Pflicht, die gemeinsamen Güter zu verteidigen, die unter anderem den Rahmen bilden, in dem allein es jedem Einzelnen möglich ist, seine persönlichen Ziele auf gerechte Weise zu verwirklichen." (Johannes Paul II., Enzyklika Centesimus annus, 1991)

Religion selbst gemacht

„Ich bin Christ, glaube an die Wiedergeburt und finde das eine und das andere – gerade in der Medizin – aus der Esoterik ganz toll."

So oder so ähnlich leben heute zahlreiche Menschen. Sie nehmen sich von überall etwas und bauen es für sich zu einer eigenen Religion zusammen. Je nach dem, wie der Einzelne leben will, was ihm gefällt oder auch nicht gefällt, lässt er weg oder nimmt hinzu. Dies kann sich mehrmals – je nach Lebenssituation – ändern.

Ich denke, dass es zweierlei Gründe für dieses Verhalten gibt.

Zahlreiche Menschen befinden sich auf der Suche nach einem tragfähigen Glauben. Sie informieren sich breit über alle Grenzen und Religionen hinweg und finden verschiedene Bausteine, die in ihren Augen gut sind. Daraus formen sie ihre Religion. Dahinter steht eine ehrliche Absicht und Suche. Oft beinhaltet diese Suche mehr Ehrlichkeit und Bemühen als das gedankenlose Nachleben einer Religion. Diese Menschen bleiben meist auch nicht bei diesem Glaubensstand stehen, sondern suchen ernsthaft weiter. Ihr Weg ist offen für die Eingebungen Gottes. Für sie ist es in meinen Augen sehr wichtig, nicht in ihren eigenen Gedanken „gefangen" zu bleiben. Die Offenbarung Gottes und das Wirken des Heiligen Geistes übersteigt oft das eigene Wissen, es durchbricht die menschlichen Begrenzungen. Dafür dürfen wir offen sein.

Andere Menschen, die sich ihre Religion selbst zusammenstellen, sehen in der Religion schlicht eine praktische Lebenshilfe und nicht mehr. Hier geht es weniger um die Suche nach der Wahrheit als um das Ziel, eine angenehme Lebensbasis herzustellen. Indem wir uns z. B. durch das Yoga in unser „Selbst" versenken und alles andere abwehren, besteht die große Gefahr, dass wir dadurch auch unseren Nächsten und selbst die Gnade Gottes aussperren. In diesem Verständnis macht sich der Mensch selbst zum Maß aller Dinge – eigentlich zum Gott: Wahrheit ist, was ich als Wahrheit bezeichne – unabhängig von einer wirklich existierenden Wahrheit. Dieses Denken entspringt, so meine Überzeugung, einer egoistischen Grundhaltung, in die wir Menschen oft ohne Absicht hineingeraten. Diese Ursünde ist übrigens, in welcher Form auch immer, in jedem von uns ein Stück weit gegenwärtig. Wir, das Geschöpf, erheben uns über den Schöpfer und verlieren die rechte Ordnung.

„Ein wenig Dalai Lama, ein bisschen Marienwallfahrt, ein Schuss protestantischer Antiklerikalismus, ein großer Löffel Esoterik und drei Körnchen Hildegard von Bingen, angerichtet auf einem Salatbrett aus Wir-haben-doch-alle-den-gleichen-Gott." (Johannes Friedrich, evangelischer Landesbischof)

Mir stellte sich persönlich die Frage, ob ich religiöse Elemente anderer Religionen im Bereich der

Heilung in mein christliches Leben einbauen darf. Ein Priester hat mir dazu sinngemäß erklärt: Wenn z. B. ein Hindu oder Buddhist in diesem Glauben geboren ist und darin ehrlich seinen Weg zu Gott sucht, wird ihm Gott nicht fern sein. Wenn wir aber den wahren Gott, Erlöser und Heiland, Jesus Christus, schon erkannt haben, dürfen wir nicht bei anderen Göttern oder vermeintlichen Heilswegen unsere Zuflucht suchen. Dies gilt auch für die Esoterik und für okkulte Therapien. Hier besteht die große Gefahr, dass wir dem Bösen unser Herz öffnen und Einlass gewähren, da wir den wahren Gott an die zweite Stelle setzen.

„Es gibt genau genommen kein christliches Yoga, wie es ja auch kein hinduistisches Gebet gibt. Es gibt ein hinduistisches Yoga, das von Männern und Frauen praktiziert wird, die an den Christus der Evangelien glauben und der Meinung sind, sie könnten aus diesen Techniken zur Entfaltung ihres körperlichen, seelischen, ja geistigen Lebens Nutzen ziehen. Aber das Risiko einer Verwechslung ist enorm hoch. Ich möchte nochmals darauf hinweisen: Die natürliche Heiterkeit, die durch den langsamen Prozess der Auflösung des persönlichen Bewusstseins entsteht, hat

nichts zu tun mit dem übernatürlichen Frieden, der vom Geist des auferstandenen Christus kommt. Jene natürliche Heiterkeit bereitet auch nicht den Empfang dieses Friedens vor, ganz im Gegenteil! Sie ist vielmehr eine Falle, verführerisch und deswegen so gefährlich; sie kann dem, der sich ohne große Erfahrung auf die Reise nach innen begibt, durchaus Sand in die Augen streuen. Nicht wenige von ihnen sind dann versunken in der Kontemplation ihres eigenen tiefen Selbst, in der Annahme, sie durchlebten Zustände des stillen, ja von Gott eingegebenen Gebetes. Und das ist es wohl, was die Integration der Yogatechniken in ein authentisches Gebet und in ein authentisches Leben im Heiligen Geist so schwierig, ja unmöglich macht." (Joseph-Marie Verlinde, Die verbotene Erfahrung, UNIO Verlag)

Auf unserem Weg zum ewigen Leben ist es gut, wenn wir uns auf den Pfad der Heiligen Schrift und den Erfahrungen von unzähligen Heiligen und Vorbildern in unserem Glauben verlassen. Bitten wir Gottes Geist um seine Führung. Es ist anmaßend, dass wir – ähnlich wie ein Gott – selbst eine Religion zusammenbauen können. Geben wir IHM, GOTT, die Ehre!

Offenbarung

Die Erkenntnis, dass es einen personalen und vernünftigen Schöpfer, einen Gott, gibt, können wir mit unserem menschlichen Verstand finden. Diese Erkenntnis ist sehr allgemein und uns fehlt noch das rechte „Bild" von diesem Gott. In der Geschichte der Welt hat sich Gott deshalb immer mehr geoffenbart.

Vor der Offenbarung Gottes durch die Propheten führten die Menschen ihr Leben aufgrund ihres Gewissens und aufgrund ihrer angeborenen Würde und Gottesähnlichkeit. Dieser Weg gilt auch heute für alle Menschen, die noch nicht die Botschaft von Jesus Christus empfangen haben.

Sehr behutsam und immer mehr hat Gott sich im Laufe der Geschichte einzelnen Menschen offenbart. Er erwählte die Israeliten als sein Volk. Durch dieses Volk bereitete er das Kommen des Gottessohnes Jesus Christus in der Welt vor. Diese Berufung bedeutete nicht, dass Gott alle anderen Völker verdammt hätte. Im Gegenteil, durch das eine Volk entsteht in der Tiefe des Heilsplanes Gottes das Heil für alle Völker. Gott ist voll Liebe und voll Gerechtigkeit. Die persönliche Entscheidungsfreiheit jeder einzelnen Person für oder gegen die göttliche Ordnung behielten sowohl die Menschen seines auserwählten Volkes als auch die Menschen aller anderen Völker. Es gab und gibt also keine wirkliche Benachteiligung vonseiten Gottes für einzelne Völker oder einzelne Menschen.

Endlich, mit der Geburt Jesu Christi ist es so weit, dass die gesamte Welt eingeladen ist, den schöpferischen Gott zu erkennen. Diese Ausdehnung der Auserwählung Gottes bis an die Enden der Welt wird bereits im Alten Testament angekündigt. Auch, dass Gott Mensch wird, dass der Messias kommt, wurde dem auserwählten Volk schon durch die Propheten versprochen. Es kam alles Schritt für Schritt, sodass die Menschen immer mehr in die Offenbarung Gottes eintauchen konnten.

„Es gibt nur für den keinen Gott, der ihn nicht sucht. Suche ihn, und er wird sich dir offenbaren."
(Leo Tolstoi, russischer Dichter)

In Jesus Christus, dem Sohn Gottes, wurden der ganzen Welt die Wahrheit und das „Bild" Gottes geoffenbart. Gott wurde Mensch. Wir haben ein wirkliches Bild von Gott. Er ist uns ähnlich. Mit dem Menschen schuf Gott die „Krone" der Schöpfung. Welch eine Auserwählung für das Geschöpf Mensch: Der Schöpfer nimmt seine Gestalt an. Jetzt lautet der Auftrag an die zwölf Apostel und an alle, die Jesus Christus als den Sohn Gottes, den Heiland und den Erlöser über die Jahrhunderte und Jahrtausende erkannten und erkennen: Sagt diese Botschaft allen Menschen weiter! Für diese Aufgabe sandte uns der Schöpfer seinen besonderen Geist, den Heiligen Geist. Durch diesen Geist erkannten die Freunde und Apostel Jesu vor ca. 2000 Jahren die Echtheit der Botschaft Jesu Christi. Dieser Geist „öffnete ihnen Augen, Ohren und das Herz". Dieser Geist ist auch uns bis zum Ende der Erde zugesagt. Unsere Kunst besteht darin, immer hörend zu leben. Es ist uns zugesagt, dass Gottes Schutz und Segen auf der Kirche Gottes, die ER auf dem Felsen Petri, dem Apostel Petrus (erster Papst), gegründet hat, bis an das Ende der Erde bestehen bleibt. Welch eine Offenbarung!

Liebe

Eine große Hilfe auf dem Weg zur Religionsfindung kann die Frage nach deren Lehre in Bezug auf die Liebe sein. In meiner persönlichen Suche führte mich ein Priester zur Frage: In welcher der großen Religionen findest du den umfassendsten Aufruf zur Liebe?

Einige Fragen sollten wir uns dazu stellen:

Wie steht es um den Wert des Menschen, unabhängig von seiner Herkunft, seiner Intelligenz, seines Reichtums, seiner Religion und seines Geschlechts?
Wie steht es um die freiheitlichen Rechte der einzelnen Person?
Wird der Nächste geliebt oder interessiert das Los des Nächsten nicht?
Wird zum Hass oder zu Gewalt aufgerufen?
Welchen Platz nimmt die Vergebung und Versöhnung ein?
Wie ist der Umgang mit Randgruppen?
Wird die Liebe auf Teile der Menschheit reduziert?

Muss ich mich selbst erlösen oder kann ich auf einen liebenden und vergebenden Gott bauen?

In der christlichen Religion finden wir den absoluten Aufruf zu vollkommener Liebe. Sie verbindet Gottesliebe, Nächstenliebe, Feindesliebe und die recht verstandene Eigenliebe zu einem Ganzen. Die Botschaft der Christen geht so weit, dass sie bekennen, dass Gott die Liebe ist.

In den Zehn Geboten werden wir zur Gottes- und Nächstenliebe aufgerufen. Im Neuen Testament finden wir immer wieder klare Hinweise auf die Wichtigkeit, selbst den Feinden zu vergeben und sie zu lieben.

Die Zehn Gebote
Ich bin der Herr, dein Gott. Du sollst keine anderen Götter neben mir haben.
Du sollst den Namen des Herrn, deines Gottes, nicht verunehren.
Du sollst den Tag des Herrn heiligen.
Du sollst Vater und Mutter ehren.
Du sollst nicht töten.
Du sollst nicht die Ehe brechen.

Du sollst nicht stehlen.
Du sollst kein falsches Zeugnis geben.
Du sollst nicht begehren deines Nächsten Frau.
Du sollst nicht begehren deines Nächsten Gut.

Das Doppelgebot der Liebe
Du sollst den Herrn, deinen Gott, lieben von ganzem Herzen und ganzer Seele, mit all deiner Kraft und deinem ganzen Denken, und: Deinen Nächsten sollst du lieben wie dich selbst.
(Vgl. Mt 22,37-39 und Mk 12,30-31)

Feindesliebe
Ich aber sage euch: Liebt eure Feinde und betet für die, die euch verfolgen ... (Mt 5,44)
Segnet die, die euch verfluchen; betet für die, die euch misshandeln. (Lk 6,28)

Christen sind, sofern sie ihre Religion ernst nehmen, aufgerufen, ihren Nächsten, unabhängig von Nationalität, Stand, Geschlecht und Religion zu lieben. Mehr noch, wir sollen mit unserem Nächsten teilen. Weder für Christus noch für die Kirche heute gibt es Gruppen oder gar Randgruppen. Jesu Wort und Auftrag richtet sich an alle Menschen. Die leiblichen Werke der Barmherzigkeit, nach denen sich die Christen richten sollen, lauten: Hungernde speisen, Durstleidenden zu trinken geben, Nackte bekleiden, Obdachlose aufnehmen, Gefangene befreien, Kranke besuchen und Tote bestatten. Darüber hinaus hat jede Zeit noch ihre eigenen Werke der Barmherzigkeit, die sich aus der aktuellen Lebenswirklichkeit ergeben: Einsame besuchen, Kindern Geborgenheit schenken, Suchtkranken einen Weg zeigen, Arbeitslosen Arbeit geben, sozial Schwachen Gemeinschaft anbieten, alten Menschen in ihrer Not beistehen, Familien bei Bedarf unterstützen, bei Katastrophen und Nöten nach Möglichkeit helfen usw.

Neben den leiblichen Werken der Barmherzigkeit sind die Christen auch zum Leben der geistlichen Werke der Barmherzigkeit aufgerufen: Sünder ermahnen, Unwissende belehren, Zweifelnde beraten, Betrübte trösten, Lästige geduldig ertragen, bereitwillig verzeihen und für die Lebenden und die Toten beten.

Ziel der Gebote und der Werke der Barmherzigkeit ist es, eine Gemeinschaft der Liebe, der Barmherzigkeit und der gegenseitigen Wertschätzung Wirklichkeit werden zu lassen. Diese Gemeinschaft umfasst Gott, Engel, Lebende und Verstorbene.

Eines der größten Hemmnisse, allen Menschen die Schönheit und Wahrheit des christlichen Glaubens zu verkündigen, ist, dass wir Christen oft viel zu wenig diese Liebe und Barmherzigkeit leben. Nicht alle, die sich Christen nennen oder nannten, haben sich immer an der Botschaft und Offenbarung Gottes orientiert. Machtmissbrauch, Egoismus und Gewalt von Menschen haben das Bild Christi durch die Jahrhunderte bis in das Heute entstellt. Es wird immer dann schwierig, wenn sich der einzelne Mensch nicht persönlich für seinen Glauben entscheidet, sondern einfach, ohne die Tiefe seines Glaubens zu suchen, darin lebt. Ohne ein entschiedenes Ja folgt leicht ein Ja, Ja oder ein Leben gleich der Fahne im Wind.

Bei aller Selbstkritik dürfen wir aber auch feststellen, dass gerade durch die Christen unglaublich viel Nächstenliebe in der Welt geschieht.

Die meisten großen Hilfswerke haben christliche Wurzeln. Zahlreiche soziale Initiativen im kleineren Umfeld sind aus christlicher Nächstenliebe entstanden. Dies geht so weit, dass z. B. in so manchen Universitäten in China das Christentum studiert wird: nicht um gläubig zu werden, sondern um die „magische" Erkenntnis zu entdecken, warum in Ländern mit christlicher Kultur so vieles so gut funktioniert. Dank meiner mehr als zehnjährigen Mitarbeit bei dem internationalen päpstlichen Hilfswerk KIRCHE IN NOT, das von Pater Werenfried van Straaten, dem legendären Speckpater, im Jahre 1947 gegründet wurde, kann ich die uneigennützige Nächstenliebe der Christen in aller Welt bestätigen. Besonders gilt dies für Christen in Ländern, in denen sie oft bedrängt oder gar verfolgt werden. Sie helfen dort, wo Not herrscht, unabhängig von Religionszugehörigkeit und über die verschiedensten Grenzen und Hindernisse hinweg. Jedem Menschen wird mit der gleichen Würde begegnet. Letztlich basieren die Grundrechte der Menschen auf dem christlichen Weltbild. Wie wird unsere Zukunft aussehen, wenn wir den christlichen Glauben nicht mehr leben?

Tier

Ein jugendlicher, christlicher Freund, der etwas mit dem Weltbild des Buddhismus sympathisiert, äußerte im Gespräch sein Problem mit dem Buddhismus sinngemäß:

„Wie soll der Mensch auf dieser Welt ganz frei, gut und rein werden? Da ist doch ein Tier in uns. Das schaffen wir doch nicht wirklich?"

In diesem Moment ging mir von Neuem die Schönheit der Offenbarung Jesu Christi auf: Der junge Mann hat Recht. Das „Tier" in uns können wir nicht selbst besiegen. Die Ursünde drängt uns zum Bösen. Aber wir wissen, dass Jesus Christus als Sohn Gottes in die Welt kam, um uns von diesem „Tier" zu erlösen. Dieses „Tier" ist im Letzten die Sünde, angezettelt von dem gefallenen Engel, den wir Teufel nennen und der als Gegenspieler der Liebe auftritt. Die gesamte Offenbarung geht hin zu dem Ziel, dass wir von diesem „Tier" erlöst werden. Was bedeutet das für unser persönliches Leben?

Wir brauchen uns nicht selbst zu erlösen. Wir würden es auch nicht schaffen. Es genügt, wenn wir uns um Liebe und Wahrheit bemühen. Wir dürfen auf Gott vertrauen, dass er uns führt und heilt – ewiglich. Aus Gesprächen weiß ich, wie Menschen, die aus einem anderen Glauben zum Christentum gefunden haben, erlöst und glücklich geworden sind. Sie wissen jetzt, dass sie keinen willkürlichen, sondern einen liebenden Gott haben. Es fällt von ihnen die Last, Unerfüllbares selbst zu schaffen. Die Angst vor zahlreichen Leben in verschiedenen Körpern auf dieser Welt fällt weg. Am Ende des irdischen Weges wartet die Gemeinschaft der Engel und Heiligen auf uns. Der liebende, schöpferische und allmächtige Gott unternimmt alles, um uns für den Himmel zu gewinnen. Dies ist bei allem Wissen um unsere Freiheit, uns auch gegen die Gebote und die Liebe Gottes zu entscheiden, ein wunderbarer Ausblick für unser Leben.

Ich empfinde es als einen interessanten Hinweis, dass gerade in den Religionen und Weltanschauungen, die eine ständige Wiedergeburt lehren, tiefe Meditationsformen, wie das Yoga, benützt werden. Sie stehen im Gegensatz zum christlichen Gebet und sollen zu einer absoluten Überwindung aller eigenen Gedanken und somit auch aller eigenen Ängste führen. Diese Übungen sind in meinen Augen ein menschlicher Versuch, Antworten auf die Angst, sich selbst erlösen zu müssen und es doch nicht zu können, zu finden. Es sind aber meist keine wertneutralen Methoden. Sie wenden sich von einem persönlichen, liebenden Gott ab und binden eigene Geistwesen ein.

Es gibt einen, der unsere Schuld übernommen hat: Jesus Christus, der Sohn Gottes! Darum sind wir frei!

Welche Religion? In unseren Ländern genießen wir noch die Früchte des Christentums im Alltag. Doch oft sehen wir hinter dem Genießen nicht mehr den Ursprung. Selbst wir Christen sind uns oft nicht mehr der Schönheit unserer Religion bewusst. Das „Tier" in uns versucht, das schöne helle Licht zu verdunkeln, denn es hat Angst vor dem Licht. Lassen wir uns von Jesus Christus befreien. Leben wir die Liebe!

Kreuzestod Jesu als Ärgernis

Der Kreuzestod Jesu ist für uns Christen so wichtig und zentral, dass wir in jedem Haus und meist sogar in jedem Zimmer ein Kreuz verehren. Zahlreiche Menschen tragen es nicht nur als Schmuck am Körper, sondern sehen es als christliches Bekenntnis. Das Kreuz ist für die Christen das Zeichen des Heils. Jesus Christus hat uns am Kreuz erlöst. Er hat all unsere Sünden und Schwachheiten auf sich genommen. Wir wurden durch IHN befreit. Durch sein Blut steht der Himmel für uns offen, die Ursünde Adams wurde durch den Liebestod Jesu getilgt.

Die Juden fordern Zeichen, die Griechen suchen Weisheit. Wir dagegen verkündigen Christus als den Gekreuzigten: für Juden ein empörendes Ärgernis, für Heiden eine Torheit, für die Berufenen aber, Juden wie Griechen, Christus, Gottes Kraft und Gottes Weisheit. (1Kor 1,22–24)

Warum aber musste Jesus diesen grausamen Tod am Kreuz für uns durchleiden? Wie konnte das Gottvater zulassen? Wie passt das zur Aussage:

Gott ist die Liebe? Hätte es nicht einen angenehmeren und besser zu akzeptierenden Weg für unsere Erlösung und zur Tilgung unserer Schuld gegeben?

Gedanken eines Nichttheologen:
Die Erbsünde lastet auf uns allen. Wir sündigen täglich von Neuem. Auch die gesamte Schöpfung ist durch die Sünde beeinträchtigt. Leid und Tod begleiten jedes einzelne Leben. Wir brauchen Heilung und Erlösung. Der dreifaltige Gott hätte uns sicherlich auch auf ganz einfache Art, sozusagen mit einem kleinen Tropfen Blut aus seinem kleinen Finger, erlösen können. Aus Liebe zu uns nahm Gottes Sohn aber das Leben als Mensch in Kauf, mit all seinen Beschwernissen bis hin zum grausamen Kreuzestod. Er zeigte uns seine Liebe, indem er die größten Schmerzen an seinem Körper und seiner Seele akzeptierte. Nicht als großer und unberührbarer Superheld wollte er uns befreien. Nein, er zeigte sich als unser Bruder, in allem uns gleich, außer der Sünde. Er starb freiwillig. Er schenkte sich hin, wie ein guter Hirte, der alles für seine Herde gibt. Jesus wollte es nicht einfacher haben als wir. Diese Hingabe ist

einmalig unter allen Religionsgründern. Sie ist in Verbindung mit seiner Auferstehung am dritten Tag das größte Geschenk an uns Menschen. Der Kreuzestod ist für uns nicht nur traurig, sondern er ist auch unsere Freude. Er ist kein grausames Spektakel, sondern ein Zeugnis und Beweis der Liebe.

Heilswege

Ein Hindernis für den christlichen Glauben kann dessen Entstehungsgeschichte sein, die sich ursprünglich auf nur ein Volk bezog. Dazu passen die Gedanken unter der Überschrift *Offenbarung* auf den Seiten 55–57.

Auch die Überzeugung, dass das Christentum die von Gott eingesetzte Religion ist und allen Menschen verkündet werden soll, stößt auf Widerspruch.

Stimmt es also, dass unser Weg in das ewige Leben nur über die Erlösung durch den Gottessohn und Gründer des Christentums gelingen kann?

Ist dies der einzige Heilsweg für die Menschen in den verschiedensten Teilen der Welt? Was geschieht mit den Menschen, die in anderen Religionen leben und sterben? Was sagt unser christlicher Glaube dazu?

Als Christen glauben wir tatsächlich, dass es keinen anderen Weg in den Himmel gibt als über den Gottessohn Jesus Christus. Dies heißt allerdings nicht, dass Menschen, die einer anderen Religion angehören, vom Himmel ausgeschlossen sind. Wie soll das bitte gehen?

Jesus Christus hat uns mehr als deutlich verkündet, dass wir nicht über das Seelenheil unserer Mitmenschen urteilen dürfen. Wir sollen das Evangelium, die Frohe Botschaft von Jesus, allen verkündigen. Auch ist es unsere Aufgabe, anderen in Liebe zu helfen, dass sie diesen Weg gut gehen können. Ein Urteil über die Seele eines Einzelnen dürfen wir aber nicht fällen. Nur Gott hat den ganzen Einblick in eine Seele. ER ist gerecht und barmherzig. ER urteilt.

So gibt es zwar nur den einen Heilsweg über Jesus

Christus, aber auch Menschen, die Jesus Christus noch nicht kennen lernen durften und sich um ein rechtes Leben – auch in einer anderen Religion – bemühen, sind in Jesus Christus geborgen. Menschen, die sich in Liebe und Demut um die Wahrheit bemühen und nicht aus eigener Schuld noch fern der Wahrheit leben, sind sicherlich in Jesus Christus geborgen. Darüber hinaus wissen wir nie, ob sich nicht in der letzten Sekunde eines Lebens ein Mensch für Jesus und die Wahrheit entscheidet. Die heilige Schwester Faustyna Kowalska schreibt in ihrem Tagebuch sinngemäß, dass Jesus sie wissen ließ, dass er sich beim Tod eines jeden Menschen nochmals um ihn bemühe.

„Es schmerzt mich, dass Kinder in Erfurt nicht das Gleichnis vom barmherzigen Vater kennen. Und dass ein Thüringer einmal vor Gottes Angesicht tritt und sagt, lieber Gott, ich hab nie etwas von dir gehört. Erstaunlich, dass es dich gibt. Da sind wir als Kirche gefragt." (Joachim Wanke, Bischof von Erfurt)

Mit meinen Worten: Jesus liebt einen jeden Menschen gleich. Er bemüht sich also um jeden Menschen ein Leben lang – egal, in welchem Land und in welcher Religion oder in welchem Seelenzustand er gerade lebt. Gott ist barmherzig und gerecht. Wer guten Willens, in ehrlicher Absicht, in wahrer Demut und Liebe nach der Wahrheit sucht, wird zum Ziel gelangen. Jeder muss sich aber um die Wahrheit bemühen. Gleichgültigkeit und eine „Gott-ist-ja-gut"-Mentalität sind sicher nicht der richtige Weg.

Religionswahl und Mutter Teresa

Die Frage der Gottes- und Religionswahl möchte ich nicht ohne die Betrachtungsweise der bei Menschen verschiedenster Religionen anerkannten Mutter Teresa beenden. Ihr Leben und Handeln könnte eine Hilfe in der Entscheidungsfindung sein.

Mutter Teresa ist eine katholische Ordensgründerin, die sich weltweit um die Ärmsten der Armen annahm. Sie sah nicht nur die materielle Armut, sondern auch die Armut der Verlassenheit, des Nichtgeliebtwerdens und die Armut der Seele.

Sie starb am 5. September 1997. Zu dieser Zeit gab es weltweit 592 Häuser ihrer Gemeinschaft.

Mutter Teresa begegnete weltweit, aber besonders in ihren Sterbehäusern in Indien, Menschen unterschiedlicher Religionen. Sie lebte dort unter zahlreichen Hindus und Muslimen. Es wird berichtet, dass sie allen Menschen mit gleicher Liebe und Fürsorge begegnete. Auch akzeptierte sie deren religiöse Überzeugungen. Niemand wurde „zwangsbekehrt". Ihr unschlagbares Hauptargument für Jesus Christus sah sie in ihrer uneigennützigen Liebe zu jedem einzelnen Menschen. In jedem Kranken, Notleidenden und Sterbenden sah sie das Antlitz ihres Gottes, Jesus Christus. Sie war überzeugt, dass jeder Mensch, der seinen Glauben gut leben wollte und auf der ehrlichen Suche nach der Wahrheit war, in Gott geborgen war. Es war ihr Grundsatz, über keinen Menschen zu urteilen. Das Urteil überließ sie Gott selbst.

Andererseits verkündete sie gelegen oder ungelegen das Evangelium Jesu Christi. Täglich wohnte sie der heiligen Messe bei und sorgte dafür, dass ein Priester für die Beichte bereit war. Der

Rosenkranz in ihren Händen war eine Selbstverständlichkeit. Auch nützte Mutter Teresa jede Gelegenheit, den unterschiedlichsten Menschen, denen sie begegnete, eine Wundertätige Medaille, die auf die Schauungen der hl. Ordensfrau Catherine Labouré im Jahre 1830 zurückgeht, zu überreichen. Sie tat dies wohl im festen Vertrauen, dass die Mutter Gottes jeden zu ihrem göttlichen Sohn führen möchte. Es war ihre Leidenschaft, die Botschaft Jesu Christi in die Welt zu tragen. Einen Auszug aus ihrer Rede im Jahre 1985 vor der UNO-Vollversammlung möchte ich dazu als Zeugnis nehmen:

„… Wir haben unseren Herrn darum gebeten, uns zu Werkzeugen des Friedens, der Liebe, der Einheit zu machen. Dazu ist Jesus gekommen, um diese Liebe zu bezeugen. Gott liebte diese Welt so sehr, dass Er Jesus, Seinen Sohn, hingab, damit Er zu uns kommt und uns die gute Nachricht bringt, dass Gott uns liebt. Und dass es Sein Wunsch ist, dass wir einander lieben, wie Er jeden von uns liebt. Dass Er uns aus einem einzigen Grund erschaffen hat: damit wir lieben und geliebt werden. Aus keinem anderen Grund. Wir sind nicht nur eine Nummer in der

Welt. Wir sind Kinder Gottes ... Genau das ist es, wozu Sie und ich da sind: Bruder und Schwester zu sein. Weil dieselbe liebende Hand Gottes dich und mich und den Mann auf der Straße erschaffen hat und ebenso den Leprakranken, den Hungernden, den Reichen, aus demselben Grund: um zu lieben und um geliebt zu werden ... Fassen wir darum heute, weil wir heute versammelt sind, in unseren Herzen einen starken Entschluss: Ich will lieben. Ich will Überbringer der Liebe Gottes sein ... Lieben wir noch einmal, teilen wir miteinander, beten wir darum, dass dieses schreckliche Leiden von unseren Mitmenschen weggenommen wird ... Ich werde für Sie beten, dass Sie in dieser Liebe Gottes wachsen mögen, indem Sie einander so lieben, wie Er jeden von Ihnen liebt, und besonders darum, dass Sie durch diese Liebe heilig werden. Heiligkeit ist kein Luxus weniger. Sie ist eine einfache Pflicht für jeden von uns. Denn Heiligkeit bringt Liebe, und Liebe bringt Frieden, und Frieden bringt uns zusammen. Fürchten wir uns nicht, denn Gott ist mit uns, wenn wir es Ihm erlauben, wenn wir Ihm die Freude eines reinen Herzens schenken ... Das Gebet wird uns ein reines Herz schenken. Mit einem reinen Herzen werden wir Gott in jedem anderen sehen ... "

Mutter Teresa war sich bewusst, dass nur Gott selbst im Herzen eines Menschen das Entscheidende bewirkt. Sie wusste aber auch, dass selbst Gott die Freiheit jedes Einzelnen achtet. Sie sah ihren Auftrag darin, ihren Glauben, ihre Hoffnung und vor allem ihre Liebe vorzuleben und zu bekennen.

Ergebnis

In meinen Überlegungen sprach alles für den christlichen Glauben. Die breite Aufforderung zur Liebe, die Gleichwertigkeit aller Menschen, eine erlösende Antwort bezüglich unserer Schuld und unseres Lebens, die selbstlose Hingabe durch Jesus Christus, die Bezeugung der Auferstehung Jesu durch die ersten Zeugen – die nahezu alle dafür wiederum ihr Leben hingaben – und das Zeugnis unzähliger Christen über die lange Zeit sprechen für das Christentum. Auch die zahlreichen Offenbarungen und Wunder, die das Christentum durch seine Geschichte begleiten, sind ein deutlicher Hinweis.

Ich freue mich auch nach Jahrzehnten, mich für die christliche Religion entschieden zu haben.

Dritte grundlegende Frage:
Für welche christliche Konfession soll ich mich entscheiden?

Wer sich für das Christentum entschieden hat, steht leider vor einer weiteren wichtigen Frage: Welche Konfession ist die richtige, welche wähle ich?

Ich habe mich für die römisch-katholische Kirche entschieden. Andere stöhnen und fragen: Warum ausgerechnet katholisch werden? – und sind der Meinung, dass es sich z. B. ohne Papst, Beichte und Maria viel leichter leben lässt.

Geschichte

Für mich war es eine große Hilfe, von den Ursprüngen auszugehen. Was bestand über viele Jahrhunderte als gemeinsamer Glaube? Es war die römisch-katholische Kirche, in der Nachfolge der Apostel. Trennungen und Abspaltungen gab es während der rund zweitausend Jahre immer wieder. Bereits in den ersten Jahrhunderten entstanden jede Menge offener Fragen und unterschiedlicher Antworten. Entscheidend ist in meinen Augen das Versprechen Jesu, dass auch im Himmel gebunden ist, was die Kirche auf Erden binden wird. Und er berief Petrus als Ersten unter den Aposteln und sagte, dass er auf Petrus, den Fels, die Kirche aufbauen wird. Wenn also Petrus quasi den Schlüssel zum Himmel hat, möchte ich bei seiner Truppe sein. Die römisch-katholische Kirche ist immer noch in dieser Linie zu Petrus. Es besteht die ununterbrochene Nachfolgereihe der Päpste von Petrus bis zum derzeitigen Papst. Diese apostolische Sukzession ist eine Bürgschaft für die Wahrheit.

In der römisch-katholischen Kirche finden wir, aufgrund ihres Lehramtes, einen einheitlichen Glauben, der im Katechismus der Katholischen Kirche nachgelesen werden kann. Ich bin überzeugt, dass in ihm wirkliche Leitlinien für das Glaubensleben angeboten werden, die unzählige Menschen zu Heiligen werden ließen.

„Ich bin mit Entschiedenheit in eine Kirche zurückgekehrt, von der ich weiß, dass sie nicht anderes

verkünden darf als die Botschaft Jesu. Alternativen haben mich immer interessiert, aber nie überzeugen können." (Peter Seewald, Journalist)

In der römisch-katholischen Kirche (auch z. B. in der orthodoxen Kirche) wird jeder Priester und Bischof durch die Handauflegung eines Bischofs geweiht und dadurch in die Nachfolge der Apostel eingereiht. In der evangelischen Kirche gibt es keine Priesterweihe. In ihr wird ein Pfarrer gewählt, ebenso ein Bischof. Die Folge ist, dass eine Pfarrei sich einen Pfarrer nach ihren aktuellen persönlichen Vorstellungen auswählen kann. In der römisch-katholischen Kirche geht der Weg gegensätzlich, von oben nach unten. Der Papst ernennt die Bischöfe, die Bischöfe die Priester. Jeder Priester hat im Gehorsam zu seinem Bischof und dem Papst die volle katholische Lehre zu verkünden – selbst dann, wenn 90 Prozent seiner Pfarrgemeinde eine andere Meinung als die der römisch-katholischen Kirche vertreten. Er muss als Zeuge und Stellvertreter Christi sein Priestertum leben.

Allen Abspaltungen und Trennungen fehlt etwas vom großen Glaubensschatz der Kirche. Die meisten Konfessionen haben sich von tragenden Glaubensüberzeugungen getrennt und somit die Fülle der Wahrheit verlassen. Auf dem Weg zur Einheit kann uns der Gedanke helfen, dass vor der Trennung über Jahrhunderte ein gemeinsamer Glaube vorhanden war, der auf der katholischen Basis gelebt wurde. Bei den evangelischen Christen kann auch ein Blick zu den Anfängen spannend werden. So schrieb Martin Luther in These 71: „Wer gegen die Wahrheit des apostolischen Ablasses spricht, der sei verworfen und verflucht!" Luther wandte sich nur gegen den Ablasshandel. Auch die Pflicht der Einzelbeichte vor dem Empfang des Abendmahles wurde erst im 17. /18. Jahrhundert abgeschafft. Ich glaube, dass sich in der Ökumene zwischen den christlichen Kirchen und Gemeinschaften in Zukunft noch viel bewegen wird. Der Heilige Geist möchte, davon bin ich überzeugt, auf dem Weg zur Einheit stark wirken, zu einer Einheit, die alle Wahrheit beinhaltet – eine Einheit, die wir erbeten müssen und nicht einfach machen können.

Als Entscheidungshilfe auf der Suche nach der rechten christlichen Konfession sind Berichte von Menschen, die den Weg zum römisch-katholischen Glauben gegangen sind, eine große Hilfe. Ich habe darin Zeugnisse und Begründungen gefunden, die meinen Glauben wieder neu beleben durften. Es waren selbstlose und tiefe Überzeugungen, verbunden mit dem Gefühl, zu Hause angekommen zu sein.

In Jesu Namen

Diese meine oben beschriebene Einstellung ändert allerdings nichts daran, dass ich als Katholik viele Beispiele von großer Geistesfülle sowie Glaubens- und Liebeskraft bei Christen anderer Konfessionen erleben durfte, die mir Vorbild und Ansporn sind. Wir dürfen voneinander lernen.

Das Wort Jesu in Mk 9,38–41 kann uns nachdenklich machen:

„Da sagte Johannes zu ihm: Meister, wir haben gesehen, wie jemand in deinem Namen Dämonen austrieb; und wir versuchten, ihn daran zu hindern, weil er uns nicht nachfolgt. Jesus erwiderte:

*Hindert ihn nicht! Keiner, der in meinem Namen
Wunder tut, kann so leicht schlecht von mir reden.
Denn wer nicht gegen uns ist, der ist für uns. Wer
euch auch nur einen Becher Wasser zu trinken gibt,
weil ihr zu Christus gehört – amen, ich sage euch: er
wird nicht um seinen Lohn kommen."*

Für mich sind diese Worte Jesu der Hinweis, dass
wir mit unserem Urteil über das Handeln eines
Menschen sehr vorsichtig sein sollen. Wir wissen
nicht, in welcher Gesinnung diese Person han-
delt. Gottes Geist weht, wo er will. Gott sieht
in die Tiefe des Herzens. Er weiß, wie nahe ein
Mensch dem Heil ist. Nur er kennt die Größe an
Glauben, Hoffnung und Liebe, die jeder Einzelne in sich trägt.

Der heilige Augustinus erläutert: *„Wie man in der
‚Catholica' – das heißt in der Kirche – das finden
kann, was nicht katholisch ist, so kann es außerhalb der ‚Catholica' etwas geben, das katholisch ist."*
Papst Benedikt XVI. ergänzt dazu: *Aus diesem
Grund dürften die Glieder der Kirche nicht eifer-
süchtig sein, sondern müssten sich darüber freuen,
wenn jemand, der außerhalb der Gemeinschaft ste-*

*he, im Namen Christi Gutes tue, „solange er dies in
der rechten Absicht und mit Respekt tut".*

Wunder 1

Eine weitere Entscheidungshilfe gaben mir die
zahlreichen genau dokumentierten und zum Teil
nachgewiesenen Wunder innerhalb der katholischen Kirche. Eine besondere Hilfe waren mir
die eucharistischen Wunder, in denen offenbar
wurde, dass in der heiligen Messe, insbesondere
durch die Wandlungsworte der Priester, aus Brot
Fleisch und aus Wein Blut wurden. Durch alle
Jahrhunderte gab es diese Zeugnisse. Jesus Christus hilft uns in unserer Entscheidungsfindung.

Ein Wunder, das für meinen persönlichen Glauben
eine besondere Bedeutung hat, ist die Erscheinung
der Gottesmutter im Jahre 1917 in Fatima/Portu-
gal. Sechsmal erschien den Kindern Lucia, Jacinta
und Francisco die allerseligste Jungfrau Maria, die
sich auch als Königin des Rosenkranzes vorstell-
te. Bei der letzten angekündigten Erscheinung
am 13. Oktober sollten alle einen Beweis für die

Echtheit der Kinderaussagen erleben. Tatsächlich erlebten rund 50.000 bis 70.000 Menschen das große Sonnenwunder. Das Wunder wurde nicht nur am Platz, sondern auch im Umkreis von zahlreichen Kilometern gesehen. Mein Gedanke war: Wenn das alles in meinem katholischen Glauben stattfindet, wenn sich hier wirklich Himmel und Erde berühren, dann möchte auch ich dabei sein und daran glauben.

Zusammenfassender Bericht zum Sonnenwunder von Fatima: *Mit einem Schlag zerrissen die Wolken und in einem großen Stück blauen Himmels erschien die Sonne in vollem Glanz, doch ohne zu blenden – und sie begann zu zittern, zu tanzen und sich wie ein Feuerrad zu drehen. Sie warf riesige Lichtbündel in allen Farben aus, die die ganze Natur und die Menschen in ein fantastisches Farbenspiel tauchten. Dann stand sie einen Augenblick still, um noch zweimal den Tanz zu beginnen. Doch plötzlich schien sie sich vom Himmel zu lösen und im Zickzack, blutrot auf die Menge stürzen zu wollen, die Temperatur stieg und der entsetzten Menge entwand sich ein furchtbarer Schrei wie von Men-*

schen, die sich auf den Tod vorbereiten und in einer einzigen Bewegung sanken alle auf die Knie: „Mein Gott, ich glaube! Mein Jesus, Barmherzigkeit! Maria!" Endlich hielt die Sonne in ihrem unheimlichen Sturz inne und kehrte wieder schwankend an ihren Platz zurück und in gewaltigem Chor erklang das Credo. Diese apokalyptische Szene endete mit einem mütterlichen Geschenk Mariens: Der Boden und alle Anwesenden waren durch den anhaltenden Regen ganz durchnässt. Plötzlich aber fühlte sich jeder wohl und die Kleider und das Erdreich waren vollkommen trocken. (Aus „Marie de Nazareth")

Einer von zahlreichen Zeitzeugenberichten: Vor den Augen der erstaunten Menge, deren Anblick biblisch war, wie sie ohne Kopfbedeckung dastand, den Himmel begierig absuchend, zitterte die Sonne, machte plötzliche unglaubliche Bewegungen außerhalb aller kosmischen Gesetze – die Sonne „tanzte" übereinstimmend im typischen Ausdruck der Leute. (Avelino de Almeida, Journalist für O Seculo, der einflussreichsten, regierungsfreundlichen und antikirchlichen Zeitung dieser Zeit. In früheren Artikeln spottete der Autor über die Vorfälle in Fatima.)

Wunder 2

Eine in meinen Augen überzeugende Bestätigung, dass der katholische Glaube der richtige Weg ist, hat uns die Gottesmutter Maria vor rund 480 Jahren gegeben. Das Schöne daran ist: Wir können diese Bestätigung auch heute noch „lesen". Das Wunder von damals ist noch gegenwärtig ...

In Guadalupe (Mexiko) wird jährlich von ca. 20 Millionen Pilgern ein Bild der Muttergottes verehrt. Die Geschichte dieses Bildes ist faszinierend und es lohnt sich, darüber mehr zu erfahren. Millionen Menschen wurde dieses Bild zum Wegweiser in ihrer Suche nach der Wahrheit. An dieser Stelle sollen lediglich einige Fakten genannt werden, die uns aus der Gleichgültigkeit des Alltags reißen mögen. Ja, es gibt das Wunder, das Zeichen des Himmels für alle, die um die Erkenntnis der Wahrheit ringen:

- Im Jahr 1531 erscheint die Gottesmutter Juan Diego, einem Indio, und bittet ihn, dem örtlichen Bischof von der Erscheinung zu erzählen und eine Bitte vorzubringen.

- Der Bischof war misstrauisch und bat um ein Zeichen. Die Gottesmutter führt darauf Juan Diego zu wunderschönen Blumen, die er in seinem Umhang sammeln sollte, um sie anschließend dem Bischof zu überreichen.
- Als Juan Diego beim Bischof seinen Umhang öffnete, fielen die Blumen mit wunderbarem Duft zu Boden. Im selben Augenblick erscheint auf dem Umhang ein leuchtend schönes Bild der Gottesmutter Maria.
- Dieses Bild auf dem Umhang ist bis heute erhalten. Alle wissenschaftlichen Versuche, die Entstehung des Bildes zu erklären, sind bis auf den heutigen Tag gescheitert. Es ist wohl nicht gemalt. Die Farben verhalten sich wie Vogelfedern und Schmetterlingsflügel und verändern sich beim Betrachten aus verschiedenen Seiten.
- Das Material des Umhangs besteht aus Agavefaser und hält normalerweise nur wenige Jahrzehnte. Bis heute weist es nicht die geringsten Spuren eines Verfalles auf. Auch war das Bild über einhundert Jahre völlig ungeschützt. Es wurde ständig berührt. Ebenso führte das Brennen der Kerzen zu keiner Schwärzung durch Ruß.

- Auf dem Mantel der Muttergottes sind Sterne zu sehen, die genau dem Sternbild des 12. Dezember 1531 (Tag des Wunders) entsprechen.
- Auch eine Explosion und eine aus Ungeschick beim Reinigen des Silberrahmens über das Bild ergossene Flasche mit Salpetersäure hinterließen keine Schäden an dem Bild.
- Zahllose persönliche Zeugnisse von Menschen über Heilungen und Hilfe in schweren Nöten liegen vor.
- Das größte Geheimnis dieses Bildes wurde erst im 20. Jahrhundert entdeckt. Es ist wohl ganz besonders an uns gerichtet, auf dass auch wir glauben können: In den Pupillen der Gottesmutter wurden durch Fachleute 13 Personen entdeckt. Sie sind so klein, dass sie auf keinen Fall durch Malerei entstanden sein können. Das Bild in den Pupillen spiegelt genau die Szene, als Juan Diego seinen Umhang vor dem Bischof öffnete. Die abgebildete Menschengruppe ist identisch mit den ältesten Beschreibungen des Wunders.
- Das größte aller Wunder und vermutlich auch der Grund für die Erscheinung war aber der

Frieden zwischen den sich feindlich gegenüberstehenden Spaniern und Azteken, die sich zu dieser Zeit, frisch nach der Eroberung Mexikos, unversöhnlich gegenüberstanden, und die Hinwendung von mehr als acht Millionen Azteken zum katholischen Glauben innerhalb von wenigen Jahren. Sie gilt als die größte Bekehrungswelle aller Zeiten. Von diesem Bild beflügelt, verbreitete sich das Christentum über ganz Amerika.

- Ein schönes Detail sind die auf indianische und spanische Abstammung hinweisenden Gesichtszüge der Gottesmutter Maria.

„Es mag merkwürdig aussehen, wenn ein Wissenschaftler so etwas sagt, doch ich für meinen Teil muss sagen, dass das Originalbild ein Wunder ist!" (Prof. Philip Callahan, Biophysiker an der Universität Florida)

Lassen wir das Wunder der Liebe an uns herankommen. Öffnen wir unser Herz!

Gesagt ist gesagt

„Ich bin katholisch aufgewachsen, bin auf katholische Schulen gegangen usw. Mir war der katholische Glaube immer sehr wichtig, bis ich eines Tages mit Ruhm und all seinen Versuchungen konfrontiert wurde. Meine Abwendung vom christlichen Weg und eine ganze Reihe schlechter Entscheidungen waren die Folge … Ohne Kirche ist es ungefähr so, als ob man ein Boot ohne Ruder besitzt. Du denkst, dass du es alleine schaffst. Ich vergleiche das immer so: Mein ganzes Leben lang war ich mit Trainieren beschäftigt, aber obwohl ich Experte auf diesem Gebiet war, benötigte ich immer noch fremde Hilfe. Du brauchst einen Trainer. Du musst ins Fitness-Studio gehen und du brauchst jemanden, der dich führt … Als ich älter wurde, habe ich bemerkt, wie sehr ich auf Jesus, Gottes Wort und seine Unterstützung angewiesen bin. Ich versuche auch all dies meinen Kindern weiterzugeben, weil ich es so wichtig finde, dass sie verstehen, dass es sich auszahlt."
(Sylvester Stallone im Zuge des letzten Teils seiner Rocky-Filme, entdeckt im YOU-Magazin)

Ergebnis

In der katholischen Kirche fand ich den Ursprung des Christentums. Das Festhalten an der Überlieferung durch zwei Jahrtausende, ohne sich wie die Fahne im Wind dem jeweiligen Zeitgeist anzupassen, kam meinem Suchen nach Wahrheit entgegen. Hier erlebte ich Antworten, die nicht auf den medialen Ruf der Institution Kirche Rücksicht nahmen. Die Vergebungsbitte durch Papst Johannes Paul II. für alle Fehler und Sünden der Christen empfand ich als Zeichen der Demut und Ehrlichkeit. Entscheidend ist für mich vor allem der innige Kontakt mit dem persönlichen Gottessohn, Jesus Christus, gerade in der heiligen Eucharistie. Ein weiteres Geschenk sehe ich in der Chance der Beichte. Die stellvertretend für Christus gesprochenen Worte des Priesters: „Deine Sünden sind dir vergeben" finde ich wunderbar. Christus hat der Kirche dazu die Macht gegeben, indem er sinngemäß sprach, dass „allen, denen ihr die Sünden vergebt, sie auch erlassen sind". Ich fühle mich in der katholischen Kirche und in der Gemeinschaft der Gläubigen zuhause.

Diese Heilige-Familie-Figur umfasst die gesamte Heilsgeschichte: Jesus Christus als Kind, geboren von der Jungfrau Maria. Aufgewachsen mit seinem Ziehvater, dem heiligen Josef. Die ausgestreckten Arme deuten seinen Tod am Kreuz an. Er starb für uns aus Liebe. Gleichzeitig entdecken wir in seiner Haltung bereits den von den Toten auferstandenen Christus.

(Foto: Gregor Lerchen)

Vierte grundlegende Frage:
Wie lebe ich meinen katholischen Glauben – welchen Platz nimmt er in meinem Alltag ein?

Um die Schönheit und die Freude des katholischen Glaubens in seiner Fülle erleben zu können, müssen wir ihn als Gesamtpaket annehmen. Wir dürfen uns nicht mit Teilpaketen und einzelnen Inhalten zufriedengeben. Tun wir das, werden wir uns bald wieder von diesem Glauben abwenden. Er wird unsere Sehnsucht nicht erfüllen. Erst in der Gesamtheit eröffnet er uns seine Größe und das erwartete Heil.

Diese Gesamtheit finden wir in der Bibel und im Katechismus der Katholischen Kirche. Danach sollen wir unser religiöses und weltliches Leben, das ja nicht voneinander zu trennen ist, ausrichten.

Das regelmäßige Morgen- und Abendgebet, der Segen mit geweihtem Wasser, das Beten zum

Essen, der Engel des Herrn und auch z. B. der Rosenkranz bilden ein Gerüst für den Tag. Ein kurzer Kirchenbesuch mit einem lieben Gruß an Jesus, der im Tabernakel auf uns wartet, macht uns mit Jesus vertraut.

Liebe zum Nächsten und die Bereitschaft zu teilen, machen uns zu einem wirklichen Christen.

Den größten Schatz aber bekommen wir durch die sieben Sakramente: Der Besuch der heiligen Messe, zumindest am Sonntag, ist notwendig. Durch die Beichte bei einem Priester befreit uns Jesus Christus immer wieder von unseren Sünden und schenkt uns die notwendigen Gnaden für den Alltag und für den Neuanfang. Die weiteren Sakramente sind die Taufe, die Firmung, die Ehe, die Weihe zum Diakon/Priester/Bischof und die Krankensalbung.

Ich persönlich durfte die Wirkung der Krankensalbung sehr intensiv vor meiner Operation wegen meiner Krebserkrankung erfahren. Alle Unruhe und Angst wich von mir.

Die folgenden Punkte möchten eine kleine praktische Hilfe fürs katholische Leben sein.

Liebe

Wenn wir glauben, dass Gott die Liebe ist, besteht unsere vornehmste Aufgabe in der Liebe.
Wir dürfen die Liebe Gottes annehmen und wie
durch eine klare Glasscheibe durch uns scheinen
lassen. Wir selbst sind sehr begrenzt, wir können
voll Demut auf die Liebe Gottes bauen und uns
für diese große Liebe öffnen.

In der Bibel heißt es, dass alle unsere Tugenden,
unser Glaube und alle Fertigkeiten keinen Sinn ergeben, wenn sie nicht von der Liebe umgeben sind.

*„Ohne Liebe wird jedes Gebet, jede Abtötung und
jede Frömmigkeit zu Selbstbetrug oder Heuchelei,
vor denen Gott sich ekelt." (Pater Werenfried van
Straaten)*

Im Wissen, dass Gott uns liebt, dürfen wir unseren Weg mutig angehen.

„Die Liebe ist möglich, und wir können sie tun, weil wir nach Gottes Bild geschaffen sind." (Papst Benedikt XVI. in „Deus caritas est", Gott ist die Liebe)

Die Liebe führt uns zu Gott, zu unseren Mitmenschen, zu uns selbst und sogar zu unseren Feinden.

Die Liebe soll aber nicht nur gesprochen werden, die Liebe ist zuallererst Tat.

Sünde

Die Sünde ist der Gegenspieler der Liebe. Ein ehrlicher Blick in unser eigenes Leben genügt, um die Wirklichkeit des Unvollkommenen und sogar des Bösen wahrzunehmen. Weltanschauungen, die das Böse leugnen, sind bei genauer Betrachtung unglaubwürdig. Glaubensüberzeugungen, die den Menschen mit ihrem Dunkel, mit ihrer Sünde, alleine lassen, sind ebenfalls keine wirkliche Antwort. Das Böse hat eine verführerische Wirkung auf uns Menschen. Wir würden es uns wohl auch zu leicht machen, wenn wir unsere

Neigungen zum Bösen als reine Laune der Natur ansehen würden. Die Bibel bringt das Böse immer mit dem Bösen, mit dem Teufel, in Verbindung. Es sind Satan und alle Engel, die sich gegen Gott entschieden haben. Auch die Engel hatten die Freiheit, Gott als Gott anzuerkennen, oder eben nicht. Es steckt eine große Freiheit der Geschöpfe dahinter. Eine Freiheit, die so, wie es in der Bibel heißt, von den Engeln und von den Menschen missbraucht wurde. Gott wollte keinen Zwang. Das Kennzeichen der Liebe ist die Freiheit.

Diese Trennung der Menschen von Gott, diese Ursünde des Adam, hat die gesamte Welt erlösungsbedürftig gemacht. Die volle Gemeinschaft mit Gott, so wie sie ursprünglich gewünscht und vorgesehen, war nicht mehr gegeben.

Um dieses Böse in der Natur und in der Schöpfung zu bereinigen, wurde Gott Mensch. Durch seinen Tod sühnte er alle Schuld. Deshalb nennen wir die Botschaft Jesu im Neuen Testament der Bibel auch die Frohe Botschaft.
Warum das Böse allerdings noch weiter in der Welt bleiben darf, ist ein Geheimnis Gottes. Vielleicht

liegt es daran, dass Gott das freie, liebende Ja von jedem einzelnen Menschen erhalten möchte.

Da der Böse ein höchst intelligentes Wesen ist, umwirbt er uns geschickt. Oft erkennen wir ihn nicht auf den ersten Blick. Sein wahres Gesicht versteckt sich hinter einem schönen Kleid. Er zeigt uns Genüsse und Vorteile. Seine Eingebungen versprechen uns Wohlergehen, Gesundheit und Glück. Er nützt sowohl unsere guten wie auch unsere schlechten Eigenschaften und Neigungen aus. Der Böse spricht uns ein, dass eine kleine Sünde eine Bagatelle sei und nicht bekämpft werden muss. Sein Ziel ist es, durch Medien und durch allgemeine Öffentlichkeitsarbeit die Sünde salonfähig zu machen oder sogar als Trend darzustellen. Er will uns immer beschäftigen, um uns von der Ruhe, in der wir Gottes Wort hören, abzuhalten. Der Böse versucht jeden auf seiner „starken schwachen Seite" anzugreifen. Schließlich klagt er uns beständig bei Gott an, da er ja wünscht, Gott möge auch uns verwerfen. Der Teufel lässt uns an der Barmherzigkeit und an der Vergebungsbereitschaft Gottes zweifeln. Am liebsten sieht er es, wenn wir aufgrund unserer Sünden verzweifeln.

Wir Menschen sollen uns also vor dem Bösen hüten und unsere Sünden immer wieder von Neuem bereuen. Unser Blick soll allerdings weniger der Sünde, sondern vielmehr der Liebe und Barmherzigkeit Gottes gelten. Müssen wir nun vor dem Teufel Angst haben? Angst: Nein! Vorsicht: Ja! Gott ist größer. Wenn wir in Verbindung mit Gott leben, wird der Teufel verlieren.

Jesus Christus, der heilige Erzengel Michael, alle Engel und Heilige und unsere guten Freunde helfen uns dabei.

Ich glaube und ich widersage

Die Taufe fordert zwei grundlegende Versprechen: Ich glaube und ich widersage. Diese beiden Pfeiler werden die getaufte Person ein Leben lang begleiten und immer wieder aufs Neue herausfordern.

Es tut gut, regelmäßig und ganz bewusst das Glaubensbekenntnis zu beten. In wenigen Worten fasst es das Wichtigste zusammen. Im deutschsprachigen Gebiet beten wir meist das kleine (apostolische) Glaubensbekenntnis. So ab und an sollten wir aber auch das große Glaubensbekenntnis beten. Es gilt seit dem Jahre 451 als maßgebend für alle Christen und ist es bis heute geblieben.

Kleines Glaubensbekenntnis

Ich glaube an Gott, den Vater, den Allmächtigen, den Schöpfer des Himmels und der Erde, und an Jesus Christus, seinen eingeborenen Sohn, unsern Herrn, empfangen durch den Heiligen Geist, geboren von der Jungfrau Maria, gelitten unter Pontius Pilatus, gekreuzigt, gestorben und begraben, hinabgestiegen in das Reich des Todes, am dritten Tage auferstanden von den Toten, aufgefahren in den Himmel; er sitzt zur Rechten Gottes, des allmächtigen Vaters; von dort wird er kommen, zu richten die Lebenden und die Toten. Ich glaube an den Heiligen Geist, die heilige katholische Kirche, Gemeinschaft der Heiligen, Vergebung der Sünden, Auferstehung der Toten und das ewige Leben. Amen.

Großes Glaubensbekenntnis

Wir glauben an den einen Gott, den Vater, den All-
mächtigen,
der alles geschaffen hat, Himmel und Erde,
die sichtbare und die unsichtbare Welt.
Und an den einen Herrn Jesus Christus,
Gottes eingeborenen Sohn,
aus dem Vater geboren vor aller Zeit:
Gott von Gott, Licht vom Licht,
wahrer Gott vom wahren Gott,
gezeugt, nicht geschaffen,
eines Wesens mit dem Vater;
durch ihn ist alles geschaffen.
Für uns Menschen und zu unserem Heil
ist er vom Himmel gekommen,
hat Fleisch angenommen
durch den Heiligen Geist
von der Jungfrau Maria
und ist Mensch geworden.
Er wurde für uns gekreuzigt
unter Pontius Pilatus,
hat gelitten und ist begraben worden,
ist am dritten Tage auferstanden nach der Schrift
und aufgefahren in den Himmel.
Er sitzt zur Rechten des Vaters

und wird wiederkommen in Herrlichkeit,
zu richten die Lebenden und die Toten;
seiner Herrschaft wird kein Ende sein.
Wir glauben an den Heiligen Geist,
der Herr ist und lebendig macht,
der aus dem Vater und dem Sohn hervorgeht,
der mit dem Vater und dem Sohn
angebetet und verherrlicht wird,
der gesprochen hat durch die Propheten,
und die eine heilige, katholische
und apostolische Kirche.
Wir bekennen die eine Taufe
zur Vergebung der Sünden.
Wir erwarten die Auferstehung der Toten
und das Leben der kommenden Welt. Amen.

Eine große Empfehlung und wirkliche Aufgabe ist es, sich regelmäßig über den katholischen Glauben zu informieren. Glaubenskurse mit einem guten Priester können eine große Hilfe sein. Das z. B. wöchentliche Lesen in einem katholischen Katechismus bringt uns auch Schritt für Schritt voran. Wie schreibt Papst Benedikt XVI. so klar und frisch im Vorwort des Jugendkatechismus YOUCAT:

„... Ihr müsst wissen, was Ihr glaubt. Ihr müsst Euren Glauben so präzise kennen wie ein IT-Spezialist das Betriebssystem eines Computers. Ihr müsst ihn verstehen wie ein guter Musiker sein Stück. Ja, Ihr müsst im Glauben noch viel tiefer verwurzelt sein als die Generation Eurer Eltern, um den Herausforderungen und Versuchungen dieser Zeit mit Kraft und Entschiedenheit entgegentreten zu können. Ihr braucht göttliche Hilfe, wenn Euer Glaube nicht austrocknen soll wie ein Tautropfen in der Sonne, wenn Ihr den Verlockungen des Konsumismus nicht erliegen wollt, wenn Eure Liebe nicht in Pornografie ertrinken soll, wenn Ihr die Schwachen nicht verraten und die Opfer nicht im Stich lassen wollt ..."

Bei allem Glauben ist auch das Widersagen wichtig. Im Alltag erleben wir, dass unser katholischer Glaube nicht mehr als Allgemeingut gelebt wird. Leicht ändert sich auch unsere Meinung so nach und nach. Deshalb ist es wichtig, immer wieder in Ruhe zu prüfen, was wirklich noch im Willen Gottes ist. Es fällt nicht leicht, als Außenseiter zu leben, in manchen Punkten müssen wir es aber tun. Mit diesem „Zeichen setzen" schenken wir auch anderen Mut, es uns nachzumachen.

Unser katholischer Glaube ist ein Bekenntnis-
glaube. Wie die Urchristen müssen wir uns zu
unserem Gott und zu unseren Werten bekennen.
Die Zeiten des Mitläuferchristentums neigen sich
dem Ende. So schmerzhaft dies auch sein mag, es
steckt darin eine große Chance: Das glaubwürdige
Leben des einzelnen Gläubigen hat eine neue An-
ziehungskraft zur Folge. So wie vor 2000 Jahren.

Ja, ich glaube an Gott und ich widersage dem Bösen. Amen.

Ich vergebe dir

Es gibt für eine Person, die einen großen Fehler
gemacht hat, kein schöneres Wort als die Zusi-
cherung: Ich vergebe dir!

Im Vaterunser werden wir regelmäßig daran erinnert: Und vergib uns unsere Schuld, wie auch wir
vergeben unseren Schuldigern.

Als Christen sind wir immer dazu aufgerufen,
einander zu vergeben. Die Wurzel dafür liegt in

der Liebe Gottes zu uns. Gott bietet uns immer seine Vergebung an. Wenn Gott uns vergibt, so ist er uns darin Vorbild. Alles, was wir einander nicht vergeben, liegt wie Blei auf unseren Herzen. Es hindert uns an der Fröhlichkeit und stört nebenbei auch noch unsere Verbindung zu Gott. Wir sind wirklich aufgerufen, allen alles zu vergeben. Ebenso wichtig ist unsere Bitte um Vergebung. Mit dieser Bitte dürfen wir immer und zu jeder Zeit zu Gott kommen.

Mehr noch! Wir sind aufgerufen, diese Botschaft allen Menschen zuzurufen. So viele Menschen am Rande der Gesellschaft, so viele selbstgerechte Menschen, so viele Egoisten, so viele Sünder, so viele Unwissende warten auf dieses befreiende Evangelium. Wenn Gott uns unsere Fehler vergibt, ist dahinter kein psychologischer Trick. Es ist Wirklichkeit.

„… Tja, das Problem ist, dass wir es müde werden, dass wir nicht wollen, dass wir es müde werden, um Vergebung zu bitten. Er wird es nie müde, zu vergeben, doch wir werden bisweilen müde, die Vergebung zu erbitten. Wir wollen dessen nie müde werden,

nie! Er ist der liebende Vater, der immer vergibt, der dieses Herz der Barmherzigkeit für uns alle hat, und auch wir wollen lernen, mit allen barmherzig zu sein. Bitten wir um die Fürsprache der Gottesmutter, die die menschgewordene Barmherzigkeit Gottes in ihren Armen gehalten hat." (Papst Franziskus beim Angelusgebet am 17. März 2013)

Gott vergibt! Keine Sünde ist zu groß und keine Vergangenheit zu pervers. In der Beichte ist uns sogar ein eigenes Sakrament dafür geschenkt worden. Stellvertretend durch den Priester, spricht der dreifaltige Gott zu uns: Deine Sünden sind dir vergeben! Erledigt! Freude! Danke! Neuer Anfang! Heil!

„Wie schön ist es, heilig zu sein ... wie schön ist es aber auch, Vergebung zu erlangen." (Papst Franziskus)

Unerträglich?

Viele seiner Jünger, die ihm zuhörten, sagten: Was er sagt, ist unerträglich. Wer kann das anhören? Jesus erkannte, dass seine Jünger darüber murrten, und fragte sie: Daran nehmt ihr Anstoß? Was werdet ihr sagen, wenn ihr den Menschensohn hinaufsteigen seht, dorthin, wo er vorher war? Der Geist ist es, der lebendig macht; das Fleisch nützt nichts. Die Worte, die ich zu euch gesprochen habe, sind Geist und sind Leben. Aber es gibt unter euch einige, die nicht glauben. Jesus wusste nämlich von Anfang an, welche es waren, die nicht glaubten, und wer ihn verraten würde. Und er sagte: Deshalb habe ich zu euch gesagt: Niemand kann zu mir kommen, wenn es ihm nicht vom Vater gegeben ist. Daraufhin zogen sich viele Jünger zurück und wanderten nicht mehr mit ihm umher. Da fragte Jesus die Zwölf: Wollt auch ihr weggehen? Simon Petrus antwortete ihm: Herr, zu wem sollen wir gehen? Du hast Worte des ewigen Lebens. Wir sind zum Glauben gekommen und haben erkannt: Du bist der Heilige Gottes. (Joh 6,60–69)

Gottes Botschaft geht über unser sichtbares Erdenleben hinaus. Er offenbart uns Menschen sich und seine Wahrheit. Nicht immer ist alles leicht verständlich: Gott ist größer! Nie werden wir ihn gänzlich begreifen können. Die Menschen zur Zeit Jesu konnten nicht verstehen, wie sich Jesus Christus selbst zur Speise geben kann. Obwohl sie Jesus lange gefolgt waren und seine Lehre bisher begeistert aufgenommen hatten, verließen sie ihn nun. Hatten sie Jesus noch nicht als den Heiligen Gottes erkannt? Oder haben sie ihn zwar erkannt und konnten ihn einfach nicht mit ihren eigenen Vorstellungen in Einklang bringen? Die zwölf Apostel hatten sicherlich auch ihre offenen Fragen zu dem „lebendigen Brot", aber sie glaubten Jesus, weil sie überzeugt waren, dass er der Heilige Gottes ist und sein Wissen somit über das ihrige hinausging. Wie sagt Simon Petrus so klar: „Wir sind zum Glauben gekommen und haben erkannt: Du bist der Heilige Gottes." Ihre offenen Fragen ordnen sie dieser größeren Erkenntnis unter. Wie die Geschichte uns lehrt, wurden sie dafür großartig belohnt. Aus der unerträglichen Offenbarung wird höchste Freude. Die Apostel glaubten, dass Jesus sich ihnen selbst zur Speise geben wird. Dies wurde in der heiligen Eucharistie Wirklichkeit. Am Abend vor seinem Tod wies er sie endgültig in dieses Geheimnis unseres Glaubens ein. Bis heute dürfen wir so Jesus in uns aufnehmen. Gott wird eins mit uns. Welch großes Wunder! Ein Ereignis, das wir bis heute nur im Glauben erkennen können, das aber durch sehr viele klar bezeugte Wunder absolut bestätigt ist.

Der Weg eines Christen läuft zwischen „Ich habe erkannt!" und „Ich glaube!" Nach der Grunderkenntnis, dass Jesus Christus der Sohn Gottes ist, wird sofort wieder unser Glaube gefordert. Unser „Ich glaube!" führt uns dann aber wieder zur vertieften Erkenntnis. Es ist ein lebenslanges Vertrauensverhältnis mit einem personalen Gott. Ein Weg! Wer sich darauf einlässt, wird Großartiges erleben: die göttliche Liebe! Im Kern ist unsere Überzeugung kein unsicheres „Ich glaube, ich denke schon …", sondern die tiefe Gewissheit: „Ich glaube DIR, DU bist der Heilige Gottes!"

Glauben weitertragen

Es ist leider nicht üblich, im Freundes- und Bekanntenkreis über den Glauben zu sprechen. Und wenn das Thema Religion doch einmal zur Sprache kommt, dient es meist nicht der Erbauung oder gar der Glaubensweitergabe. Warum tun wir uns damit so schwer? Ist der Glaube wirklich eine Privatangelegenheit?

Dieses Büchlein schrieb ich zum größten Teil vor dem 13. März 2013, dem Tag, als aus Kardinal Jorge Mario Bergoglio Papst Franziskus wurde. Dieser Abschnitt mit dem Titel „Glauben weitertragen" entstand jedoch in den ersten Tagen des Pontifikates von Papst Franziskus. Der Grund dafür ist einfach. Papst Franziskus wurde nicht müde, immer wieder darauf hinzuweisen, dass wir Christen nicht in unserem religiösen Schneckenhaus bleiben dürfen, sondern hinaus in die Welt gehen müssen, um dort durch Taten und Worte zu evangelisieren. Und: In meinen bisherigen Texten fehlte ein Punkt mit genau diesem Thema. Ich musste also ergänzen!

Kurz vor seiner Wahl betonte Papst Franziskus, dass es vereinfacht gesehen zwei verschiedene Kirchenbilder gäbe: die Kirche, die Gottes Wort hört und es treu verkündet, und eine „verweltlichte Kirche, die in sich, von sich und für sich lebt". In seiner Zeit als Kardinal gab es in Buenos Aires die „Erzdiözesane Mission". Deren Ziel war es, jedes Haus zu besuchen, bis die Verkündigung des Evangeliums überall angekommen sei. Papst Franziskus weiß also wirklich, wovon er spricht, wenn er alle Gläubigen zur Missionstätigkeit aufruft. Dies bedeutet für ihn, den Glauben nicht in die eigene Seele und auch nicht in die Kirche aus Stein einzusperren. Im Gegenteil, wir sind aufgerufen, das Evangelium in Wort und Tat „grenzenlos" weiterzugeben. Gerade Menschen, die in Armut, Krankheit und Elend leben, bedürfen dieser heilenden Botschaft. Ebenso sollen wir zu den Menschen gehen, die in Sünde, Droge, Egoismus und Gottesferne leben. Gottes Barmherzigkeit wünscht die Begegnung gerade mit denen am Rande. Seine Liebe wächst mit unserer Schwachheit. Raus, zu allen Menschen, auch auf die Gefahr hin, verletzt zu werden. Papst Franziskus sieht den Hauptzweck der Kirche in der Verkündigung des Evangeliums. Sein Wunsch ist es, ohne Eitelkeit und falsche Scheu, auf alle Menschen, auch auf unseren Nachbarn, zuzugehen. Dieses „Auf-die-Menschen-Zugehen" ist glaubwürdig, wenn wir wiederum die Liebe zu allen Menschen leben. Papst Franziskus lebte Einfachheit und Liebe in seinem bisherigen Leben vor. Mehr noch, er wünscht diese Einfachheit und Liebe für die gesamte Kirche. Alle sollen sich bemühen, „echt" zu sein und damit glaubwürdig. All dies sind keine neuen Forderungen. Auch Papst Benedikt XVI. lebte und verkündete jederzeit diese Botschaft. Trotzdem scheint darin ein besonderes Charisma von Papst Franziskus aufzuleuchten.

Wir sind alle aufgefordert, den Schatz unseres Glaubens in die Welt zu tragen: Jesus Christus kam als Sohn Gottes in die Welt, starb am Kreuz, um uns zu erlösen, und ist von den Toten auferstanden. Im ersten Moment mag die „Welt" ablehnend reagieren. In Wirklichkeit sehnt sie sich jedoch nach dieser Heilsbotschaft. Wie schon die Apostel sind auch wir aufgerufen, die Frohe Botschaft weiterzutragen. Glauben heißt – im Sinne von Papst Franziskus – sich bewegen. Unsere Botschaft wird umso mehr Früchte tragen, je mehr wir dabei auf die Kraft Gottes bauen und je mehr wir selbst den Alltag als echte Christen leben. Sprechen wir innerhalb der Familie, mit Freunden und mit allen, die noch viel zu wenig von der Botschaft Jesu Christi erfahren haben, über unseren Glauben. Oder aus einem anderen Blickwinkel gesehen: Wie könnte es unsere Liebe verantworten, mit unserer Familie, mit unseren Freunden oder einfach mit unserem Nächsten, über alles zu sprechen, nur nicht über unsere größte, schönste und ewig anhaltende Freude?

Beten wir für die Leitenden innerhalb der Kirche, dass sie von Gottes Geist geführt werden. Beten wir für alle Menschen, dass sie immer mehr nach dem Plane Gottes leben. Bitten wir Gott für uns selbst, dass wir unseren Auftrag in dieser Welt wahrnehmen!

Gebetswege

Vorformulierte Gebete sind eine gute Hilfe. Das Entscheidende ist jedoch, dass mein Gespräch mit Gott echt ist. Hier kann ein Gedanke der Liebe zu Gott mehr bedeuten als ein langes Gebet, das aus einem falschen Leistungsdenken entstand. Orientieren wir uns am Gespräch zwischen zwei Freunden: Manchmal reicht ein Blick. Dieser Blick baut aber meist auf einer vertrauensvollen, liebenden und treuen Verbindung auf. Wer liebt, schenkt Zeit.

Warum sind neben dem freien Gebet auch die vorformulierten Gebete wichtig? Gerade in den Grundgebeten, den liturgischen Texten und auch in zahlreichen durch den Geist Gottes inspirierten Gebeten vieler Menschen öffnen sich neue Gedanken und Horizonte in uns. Sie geben uns Halt, wenn wir selbst „sprachlos" vor Gott stehen. Gerade in schwierigen Zeiten sind sie uns eine große Hilfe. Ein weiterer Aspekt: Ohne vorformulierte Gebete wäre ein gemeinschaftliches Beten meist nicht möglich. Beides ist nötig: persönliche, freie Gebete und vorformulierte Gebete.

Warum führt so manches Gebet nicht ans wirkliche Ziel? Sind wir vielleicht zu sehr mit uns beschäftigt und damit „gefangen"? Wenn wir die Kraft und das Wirken Gottes für unser Leben nicht anerkennen bzw. direkt ausschließen, beten wir ins Leere. Der Versuch, die dem Menschen innewohnenden Kräfte und Energien mit Meditation und tiefer Versenkung zu entlocken, bringt nur oberflächlichen Erfolg. Es fehlt die direkte

Begegnung mit Gott, es fehlt schlicht die Realität. Jesus Christus hat uns dieses direkte Ansprechen Gottes gelehrt: danken, lobpreisen, bitten und bereuen. Auf direkte Nachfrage der Jünger lehrte Jesus sie das folgende Gebet:

Vater unser im Himmel, geheiligt werde dein Name. Dein Reich komme. Dein Wille geschehe, wie im Himmel so auf Erden. Unser tägliches Brot gib uns heute. Und vergib uns unsere Schuld, wie auch wir vergeben unsern Schuldigern. Und führe uns nicht in Versuchung, sondern erlöse uns von dem Bösen. Amen.

Von Person zu Person. Nicht der höchste Meditationsgrad ist entscheidend, sondern das Vertrauen, zu einem wirklichen Partner, zu einem allmächtigen und liebenden Gott zu beten.

Immer wieder hören wir die vorwurfsvolle Frage: Warum hat Gott mein Gebet nicht erhört? Gott hört jedes Gebet! Gottes Wissen ist aber größer als das unsere. Auch einem Kind wird nicht jede Bitte von seinen lieben Eltern erhört. Wichtige Gründe, die dem Kind nicht bekannt sind, können dagegen sprechen. Auch sollten wir unser Gebet zu Gott nicht wie einen Automaten benützen. Es ist mehr. Es ist eine Liebesbeziehung. Immer wieder erfahren wir die Antwort auf unsere Gebete erst im Nachhinein oder nach einem beharrlichen und vertrauensvollen Gebet über längere Zeit. Wir dürfen unserem allmächtigen Gott unsere ganze Liebe und unser ganzes Vertrauen schenken.

Kraft des (Rosenkranz-)Gebetes

Gott schenkt immer wieder Zeichen. Sie helfen uns in Zeiten des Zweifelns und führen uns zu größerem Gottvertrauen. Diese übernatürlichen Begebenheiten offenbaren uns immer von Neuem die Größe Gottes. Eine Begebenheit, die mich seit Jahren immer wieder staunen lässt, stammt aus dem Jahr 1945:

Planmäßig explodierte am 6. August 1945 über der japanischen Stadt Hiroshima die Atombombe „Little Boy". Im Umkreis von mehreren Kilometern um die Absturzstelle fegte die Druckwelle jedes Gebäude um. Feuersturm und radioaktive Strahlung löschten sofort das Leben mehrer Zehntausend Menschen aus. Die Hitze ist so groß, dass Stahl schmilzt und die Menschen zu Asche zerfallen. Im engeren Umkreis erlischt jedes Leben. Doch es gab eine Ausnahme: Nur acht Häuserblocks vom Explosionszentrum entfernt befanden sich vier Missionare. Als Einzige überlebten sie die Explosion, auch ihr Pfarrhaus wurde als einziges Gebäude nicht zerstört. Ärzte und Experten untersuchten die Priester immer wieder. Fassungslos stellten sie die Unversehrtheit der vier Personen fest. Es traten auch keine Spätfolgen auf. Die Antwort der Männer war immer die gleiche: „Als Missionare wollten wir in unserem Leben einfach die Botschaft der Gottesmutter von Fatima leben, und deshalb beteten wir täglich den Rosenkranz." Interessant ist, dass sich heute im Zentrum der neuen Stadt Hiroshima eine Mariengedenkkirche befindet, deren Glasfenster die fünfzehn Geheimnisse des Rosenkranzes darstellen. In dieser Kirche wird ununterbrochen Tag und Nacht der Rosenkranz gebetet.

Auch wir dürfen voll Vertrauen beten …

Als Geheimtipp möchte ich alle herzlich einladen, den Rosenkranz oder einen Teil davon in der Kirche vor dem Allerheiligsten (Tabernakel) zu beten. Hier werden die einzelnen Geheimnisse Wirklichkeit. Wenn wir zum Beispiel beten, der von den Toten auferstanden ist, so ist vor uns wirklich dieser Jesus, von dem wir im Gebet sprechen und der vor rund 2000 Jahren auferstanden ist, gegenwärtig. Intensiver und direkter kann unser Gespräch mit Gott kaum noch werden. In dieser Nähe können wir alles vor Gott bringen. Die Gottesmutter, die ja das gesamte Leben Jesu wie keine zweite Person kennt, nimmt uns durch die Ave Maria an ihre Hand. Wir können uns keine bessere Wegbegleiterin vorstellen.

„Was mich betrifft, will ich zur Ehre Gottes und seiner heiligen Mutter öffentlich erklären, dass ich es dem Rosenkranzgebet verdanke, wenn ich in den Stürmen, die auch mein Priesterleben heimsuchten und erschütterten, keinen Schiffbruch erlitten und den Glauben bewahrt habe." (Werenfried van Straaten)

Ein zweiter Hinweis zum Rosenkranzgebet: Wenn dir ein ganzer Rosenkranz zu viel ist, beginne mit einem Gesätz, das sind zehn Ave Maria. Ein weiterer Versuch ist es, bei jedem der zehn Ave Maria ein eigenes Geheimnis zu beten und so dem Leben Jesus zu folgen. Auch kann es hilfreich sein, die Geheimnisse wirklich in der Tiefe des Herzens zu betrachten und mit dem eigenen Leben zu verbinden. Es gibt den aus Erfahrung entstandenen Spruch, dass mit dem Rosenkranz jedes Problem behoben werden kann. Das Rosenkranzgebet hat eine starke Kraft, weil es das Leben Jesu widerspiegelt – mit der liebenden Begleitung der Muttergottes.

Durch Maria zu Jesus

Ein nicht zu stoppender Vorwurf an die Katholiken lautet: Warum betet ihr Maria an? Die Antwort ist einfach: Die Katholiken beten Maria nicht an! Die Gottesmutter Maria ist Fürsprecherin und Vorbild. Wir dürfen zur Gottesmutter wie zu unserer Mutter kommen. Unterm Kreuz hat Jesus sie uns allen zur Mutter gegeben. Wir dürfen überzeugt sein, dass kein zweiter Mensch auf dieser Erde den Gottessohn Jesus so tief verstanden und geliebt hat wie seine Mutter Maria.

Diese Liebe und diese Beziehung zu Jesus möchte Maria auch an uns weitergeben. Darum sollten wir sie bitten. Wenn wir Maria unsere Sympathie und Liebe zeigen, führt dies unweigerlich zu Jesus. Mutter und Sohn treten in keinen Wettkampf. Sie sind in tiefster Eintracht verbunden. Alle unsere Beziehungen zu Maria können in dem Satz zusammengefasst werden: durch Maria zu Jesus. Im Magnifikat (Lk 1,46–55) hat Maria voll Freude gesprochen: „… auf die Niedrigkeit seiner Magd hat er geschaut. Siehe, von nun an preisen mich selig alle Geschlechter!" Sie wusste um ihre große Erwählung und Bestimmung durch alle Zeiten der Geschichte.

Jesus Christus hat alle, die an ihn glauben und den Willen Gottes tun, als seine Brüder und Schwestern angesehen. Wenn wir also Geschwister Jesu sind, ist die Mutter Jesu auch unsere Mutter. Ist sie unsere Mutter, so dürfen wir ihr vertrauen. Welche Mutter würde sich nicht ihrer Kinder annehmen …

Heilige Maria, Mutter Gottes, bitte für uns Sünder, jetzt und in der Stunde unseres Todes. Amen.

Heilige als Vorbilder

„Wir Menschen lernen am Beispiel. Als ich versuchte, der heißeste Surfer der Welt zu werden, schaute ich es mir von den Magazinen und Filmen ab, wie die heißesten Surfer es machten. Und so machte ich es ihnen nach. Und bevor ich es noch recht wusste, war ich der heißeste Surfer der Welt. (Oder sagen wir der zweitheißeste?) Dasselbe gilt, wenn man ein „heißer" Christ werden will. Man muss es von anderen „heißen" Christen abschauen – wie z.B. Maria und den Heiligen – und besonders von Jesus selbst. Darum ist es so hilfreich, in der Bibel zu lesen – denn dadurch sehen wir sein Leben bildhaft vor uns." (Paul Lauer, YOU-Gründer)

Ist der Kult um Heilige und Selige noch zeitgemäß? Ich möchte dazu sagen: Nie waren sie so wertvoll wie heute! Ob im Sport, in der Musik oder in der Religion: Wir brauchen Vorbilder. Heilige können uns für das Gute motivieren und in Bedrängnis stärken. Sie beweisen uns, dass es sich lohnt, Jesus Christus als die wirkliche Nummer eins anzuerkennen. Das vorbildliche Leben eines Menschen erklärt uns mehr als zahlreiche trockene Unterrichtsstunden. So manches realistisch geschriebene Buch über einen Seligen oder eine Heilige haben ein ganzes Leben verändert. Es tut gut, sich jedes Jahr wenigstens mit einem dieser Vorbilder intensiv zu beschäftigen. Heilige sind Menschen, die eine glaubwürdige Antwort auf die entscheidensten Fragen des Lebens gefunden haben.

„Wenn durch einen Menschen ein wenig mehr Liebe und Güte, ein wenig mehr Licht und Wahrheit in der Welt war, dann hat sein Leben einen Sinn gehabt." (Alfred Delp)

Gemeinschaft zwischen Himmel und Erde

Eines der schönsten Geheimnisse der katholischen Kirche ist der Glaube um die große Gemeinschaft von auf der Erde lebenden, im Läuterungsort verweilenden und im Himmel angekommenen Menschen sowie aller Engel und der heiligsten Dreifaltigkeit. Auf Grund dieser bereits jetzt bestehenden Gemeinschaft erscheint es gar nicht so abwegig, dass die Lebenden für ihre Lieben im Läuterungsort Fürbitte leisten können und anders herum. Auch die im Läuterungsort verweilenden und im Himmel angekommenen Seelen sowie die heiligen Engel dürfen wir für uns und die Welt um Fürsprache bei Gott bitten. Auch dürfen wir zu Gott für alle im Läuterungsort Verweilenden beten und opfern. Diese schöne Gemeinschaft umgeht nicht die direkte Ansprache an Gott, sondern ist ähnlich zu sehen wie unsere gegenseitige Hilfsbereitschaft auf Erden. Wir sollten nicht zu kompliziert denken. Unser Glaube ist einfach, sein Grundbaustein ist die Liebe. Schenken wir uns gegenseitig diese Liebe im fürbittenden Gebet. Die heilige Therese von Lisieux hat zu Lebzeiten sogar angekündigt, dass sie, sobald sie im Himmel ist, Rosen (Hilfe) regnen lassen möchte. Und wirklich: Ganze Bücher könnte man mit diesen auf Erden erlebten Rosen füllen. Zeugnisse über Zeugnisse. Schätze unseres Glaubens.

„Im Himmel wird man nie einem gleichgültigen Blick begegnen, denn alle Auserwählten werden wissen, dass sie die Gnaden, mit deren Hilfe sie

die Kronen erworben haben, einander verdanken.“
(Therese von Lisieux)

Die Gemeinschaft mit meinen lieben Verstorbenen, dieses nie endende Band, ist mir ein großes Geschenk. Alleine deshalb erscheint mir die Lehre der Wiedergeburt und der Auflösung unserer Person und Seele als abwegig und unbarmherzig.

Eucharistie

Es gibt ein großes Geheimnis, das wir nie ganz in seiner Tiefe begreifen können. Es ist so groß, dass zahlreiche Menschen es nicht für ernst nehmen können. Man erkennt es nur in Liebe und Demut – am besten kniend. Seine Bedeutung übersteigt unseren Verstand. Wir bekommen es täglich als Angebot und gehen oft achtlos daran vorbei. In unserer unmittelbaren Nähe vereint es Engel und Heilige. Es möchte uns zur Nahrung werden. Die Berührung mit ihm kann uns den Himmel öffnen. Dieses Geheimnis übersteigt an Größe alle Schätze dieser Welt. An diesem Geheimnis scheiden sich die Geister: die heilige Eucharistie!

Auf unserem Weg zum gelebten katholischen Glauben bildet die Mitfeier der heiligen Eucharistie, des heiligen Messopfers, den Mittelpunkt. Über alle Jahrhunderte, beginnend beim letzten Abendmahl der Jünger vor dem Tod Jesu, ist die Feier der heiligen Eucharistie der Höhepunkt. Jeden Sonntag oder auch täglich berühren sich dort Himmel und Erde. Es ist eine direkte, wirkliche und leibhaftige Berührung mit Jesus Christus, keine nur gefühlte oder durch Gedanken hervorgerufene. Wir dürfen ihn bei entsprechender Vorbereitung in uns aufnehmen. Es ist mehr, als Jesus nur die Hand zu schütteln, wie dies vor ca. 2000 Jahren möglich war.

Danach bei der heiligen Kommunion, als die heilige Hostie in meinem Mund war, sagte der Herr: „Du musst Mich viel wirklicher nehmen, du musst ständig Meine ganze Wirklichkeit, Mein wirkliches Bei-dir-Sein vor Augen haben." (Tagebuch von Sr. M. Franziska Senninger, 10. Juli 1981)

In jeder heiligen Messe werden der Tod und die Auferstehung vergegenwärtigt. Das bedeutet, dass wir während der heiligen Zeremonie bei Jesus am

Kreuz stehen. Wir sind dabei! Dieses Geheimnis übersteigt unseren Verstand. Nur aus dem Glauben heraus können wir es annehmen.

Es gibt durch all die Jahrhunderte hindurch zahlreiche, gut dokumentierte und durch zahlreiche Zeugen bestätigte Wunder, in denen sich Jesus Christus in der heiligen Hostie oder im Blut Christi zeigte. Ein früherer Priester aus meiner Pfarrgemeinde durfte dies nach eigenen Angaben selbst erleben. Er vertraute dies einer kranken, ein Leben lang leidenden Person an, der er regelmäßig die heilige Kommunion ans Krankenbett brachte. Der Priester erklärte, dass es keine Zweifel mehr gäbe. Jesus Christus ist in der Heiligen Kommunion gegenwärtig. Er schenkte diesem – eventuell etwas zweifelnden Priester – eine große Bestätigung.

Wir dürfen uns an dieses Wunder herantasten. Die gesamte Kirche glaubt vom ersten Tag an diese Wahrheit. Der Glaube der Kirche möge uns darin stärken und der Heilige Geist unser inneres Auge öffnen.

„Wenn aber Gott sagt, dieses Brot sei sein Leib, gibt es vom Menschen darauf eine einzige Antwort: dieses Brot anzubeten." (Martin Mosebach)

Wer das Wunder der heiligen Eucharistie für sich „entdeckt" hat, sieht den Priester in einem neuen Licht. Es kommt nicht mehr so sehr auf die bestechenden Worte der Predigt an. Auch die Minutenzahl einer heiligen Messe ist nicht mehr entscheidend. Viel mehr wird die Begegnung mit Jesus Christus und auch den Mitchristen zu einem großen Geschenk. Die kleine heilige Hostie wird Ansprechpartner in Freud und Leid, in Dankbarkeit und Lobpreis. Die Ewigkeit beginnt in diesem Moment verstärkt an Bedeutung zu gewinnen. Im schönsten Fall stellt sich eine direkte Sehnsucht nach dieser Begegnung ein.

Wichtig: Diese Sehnsucht können wir nicht erzwingen, wir sollen uns dafür nur öffnen.

Bitten wir Gott, dass dieses große Geschenk der heiligen Eucharistie immer mehr in uns wachsen darf. Bitten wir, dass unser Glaube stark genug wird, unsere Hoffnung nicht nachlässt und unsere Liebe uns so lange drängt, bis wir Jesus Christus im allerheiligsten Altarsakrament verehren und annehmen.

Grüßen wir Jesus Christus auch beim Vorbeigehen an einer Kirche mit einem kurzen „Gelobt sei Jesus Christus, in Ewigkeit. Amen." Er freut sich auch über einen kurzen Besuch. Würden wir das Geschenk der sakramentalen Gegenwart unseres Gottes im Tabernakel wirklich verstehen, wären unsere Kirchen nie leer. Ständig würde jemand darin mit Gott sprechen …
(Siehe auch unter „Unerträglich?", Seite 106ff.)

Dienen

Persönlich wurde ich durch eine Predigt von Pater Hans Buob SAC zum Thema Habgier getroffen. Für die folgenden Zeilen haben mich seine Worte inspiriert. Habgier hat viele Gesichter und ist gefährlich …

Einer aus der Volksmenge bat Jesus: Meister, sag meinem Bruder, er soll das Erbe mit mir teilen. Er erwi-

derte ihm: Mensch, wer hat mich zum Richter oder Schlichter bei euch gemacht? Dann sagte er zu den Leuten: Gebt Acht, hütet euch vor jeder Art von Habgier. Denn der Sinn des Lebens besteht nicht darin, dass ein Mensch aufgrund seines großen Vermögens im Überfluss lebt. Und er erzählte ihnen folgendes Beispiel: Auf den Feldern eines reichen Mannes stand eine gute Ernte. Da überlegte er hin und her: Was soll ich tun? Ich weiß nicht, wo ich meine Ernte unterbringen soll. Schließlich sagte er: So will ich es machen: Ich werde meine Scheunen abreißen und größere bauen; dort werde ich mein ganzes Getreide und meine Vorräte unterbringen. Dann kann ich zu mir selber sagen: Nun hast du einen großen Vorrat, der für viele Jahre reicht. Ruh dich aus, iss und trink und freu dich des Lebens! Da sprach Gott zu ihm: Du Narr! Noch in dieser Nacht wird man dein Leben von dir zurückfordern. Wem wird dann all das gehören, was du angehäuft hast? So geht es jedem, der nur für sich selbst Schätze sammelt, aber vor Gott nicht reich ist. (Lk 12,13–21)

Vor Gott werden wir reich, wenn wir Gottes- und Nächstenliebe als unser Lebensprogramm ansehen. Der Dienst an Gott und an unserem Nächsten ist die Währung Gottes.

Wir leben in einer – mit Verlaub – komischen Zeit. Geiz ist modern geworden. Wer kann, nimmt sich Millionen von Provisionen, da man sich selbst ja der Nächste ist. Wer nicht so groß kann, versucht im Kleinen sein Glück. Vergnügen wird auch dann in vollen Zügen ausgelebt, wenn dabei andere mehr oder weniger missbraucht werden oder selbst die letzten Reste von Moral noch rebellieren. Die Sorge um unsere Schönheit, Fitness und Gesundheit nimmt religiöse Züge an. In der Praxis bedeutet dies, dass die Sportveranstaltung selbst am Sonntag im persönlichen und öffentlichen Ranking vor der persönlichen Begegnung mit Jesus Christus in der heiligen Messe steht – selbst für Christen.

Zusammengefasst: Reichtum, Macht, Spaß und Genuss um jeden Preis! Habgier!

Oft schleichend und ohne dass wir es bewusst wahrnehmen, nimmt die Habgier sowohl im materiellen, geistigen und auch geistlichen Bereich von uns Besitz. Der Evangelist Lukas schreibt nicht umsonst: „Gebt Acht, hütet euch vor **jeder Art** von Habgier."

Die Habgier ist der Gegenspieler des Dienens. Das Dienen ist wiederum das Zeichen der Liebe.

Die Habgier, die uns vom Dienen entfernt, hat zahlreiche Gesichter.

Der Mensch, der nicht viel genug auf sein Bankkonto bekommen kann und dabei die Not der Mitmenschen übersieht, ist ein Gesicht von Habgier – das Materielle.

Eine andere Art von Habgier betrifft das geistige Leben. Ein typisches Beispiel dafür ist der Kult um Macht, Ansehen, Schönheit usw. Nicht das Geld steht im Mittelpunkt, sondern der Gedanke: Wie werde ich von anderen gesehen? Wie ist mein „Standing" in der Gesellschaft? Der „Blick in den Spiegel" wird immer mehr zum Markenzeichen unseres Handelns.

Das dritte Gesicht ist die fromm verpackte und oft nicht erkannte geistliche Habgier. Wir wollen uns bei Gott einkaufen, ihn sozusagen zwingen, dass er uns einen Platz im Himmel bereithält – und zwar einen guten Platz. Selbst gute Werke können im tiefsten mit Habgier beschmutzt sein. Ein scheinbar frommes Leben ohne das liebevolle Dienen ist fragwürdig. Unsere guten Taten sollen wir zuerst wegen des anderen tun und nicht nur, um selbst in den Himmel zu kommen. Wenn wir die Frohe Botschaft weitergeben, soll uns wirklich daran liegen, dass unsere Mitmenschen die Liebe und Wahrheit Gottes kennen lernen.

Jede Art von Habgier steht unserem Glaubenswachstum im Weg. Die Warnung im Lukasevangelium „Du Narr!" wurde zu uns allen gesprochen. Die Währung Gottes ist die Liebe! Danken wir Gott, dass er auch unsere unvollkommene Liebe annimmt.

Glaubwürdig

Ohne große Absicht läuft bei unseren persönlichen Begegnungen, ähnlich einem Scanner, eine Prüfung der Glaubwürdigkeit mit. Große Sprüche und kleine Taten kommen meist nicht gut an. Wer anderes spricht, als er selbst tut, wird unglaubwürdig. Gerade ein Christ, der seinen Glauben weiterschenken möchte, kann hier leicht in Schwierigkeiten kommen. Er ist selbst nicht ohne Sünde und kann doch das Evangelium von Jesus Christus nicht seiner Schwäche anpassen. In unseren Gesprächen ist es deshalb gut, wenn wir auch unser persönliches Bemühen mit all den Schwierigkeiten zur Sprache bringen.

Ähnlich geht es der Kirche als Organisation. Sie ist von Christus her gezwungen, die volle Wahrheit zu verkündigen, und muss gleichzeitig mit fehlerhaften Menschen arbeiten. Immer wieder werden wir erleben, dass die Fehler einzelner Menschen auf die gesamte Kirche bezogen werden. Noch schwieriger wird es, wenn tragende Teile der Kirche unglaubwürdig erscheinen. Bischöfe, Priester, Diakone und kirchliche Angestellte weichen von der Wahrheit ab und widersprechen sich gegenseitig. Macht, Imagepflege und Geld verdunkeln Ideale wie Dienen, Wahrheit und Armut. Moralische Zweideutigkeit schmerzt. Aus diesen Gründen müssen wir uns auch als Kirche immer wieder für unsere Fehler in der Vergangenheit und in der Gegenwart entschuldigen. Es menschelt!

Nichts steht der Glaubensweitergabe mehr im Weg als Lüge und Unglaubwürdigkeit. Jeder Christ, ob in leitender Position oder im üblichen Alltag, ist aufgerufen, mit ganzem Herzen ehrlich zu leben.

Selbst, wenn alle Christen brav und ehrlich leben, haben wir ein Problem:

Die Meinung der katholischen Kirche in wichtigen gesellschaftlichen Fragen und die Meinung des Zeitgeistes hierzu prallen heute mächtig aufeinander. Immer, wenn die Kirche von der aktuellen Meinung der Mehrheit abweicht, werden Wege und Argumente gefunden, dies als unlebbar oder als unbarmherzig darzustellen. Dies gilt auch, wenn die Geschichte im Nachhinein mehrfach dem Weg der Kirche Recht gegeben hat. Diesem Zwiespalt dürfen wir aber nicht ausweichen. Ihm müssen wir uns mit der Hilfe Gottes stellen. Einige Beispiele dieser gespannten Lage werden in diesem Büchlein noch angedacht.

Ein Beispiel, das wirklich nicht einfach ist, viel Fingerspitzengefühl erfordert und sehr oft zu

Unverständnis führt, möchte ich doch nennen: Meist wird die Kirche geradezu verurteilt, wenn sie Angestellten, die in wichtigen Punkten nicht mehr nach der Lehre der Kirche leben (nicht nur in Punkten der Moral und Sexualität), eine Kündigung ausspricht. Hier steht die Kirche in einem Dilemma: Lässt sie Leute, die in entscheidenden Glaubensfragen die Lehre der katholischen Kirche ablehnen, weiter im öffentlichen Bereich arbeiten, wird sie vor den Menschen unglaubwürdig. Leicht sagt man dann, es kann ja nicht so wichtig sein, wenn z. B. schon der Religionslehrer, ohne zu heiraten, mit seiner Freundin wie in einer Ehe zusammenlebt. Andererseits bemängeln viele bei einer Kündigung, wie unbarmherzig doch die Kirche z. B. bei dieser oder jener Erzieherin gehandelt hat. Fakt ist, dass dort, wo katholische Kirche draufsteht, wenn irgendwie möglich auch die katholische Kirche drin sein soll. Auch gebe ich zu bedenken, dass die Mitarbeiter sich bei ihrer Einstellung bereits der Situation bewusst sein müssten. Und aus dem Leben gegriffen: Wie würde ein Unternehmen reagieren, wenn ein Mitarbeiter die Grundeinstellung der Firma ablehnt. Wie gesagt, es ist unheimlich schwierig und jede Tat scheint nach außen wie ein Urteil über die betroffene Person. Mir ging es darum, auch für den Standpunkt der katholischen Kirche Verständnis zu wecken, und verbinde dies mit einer Bitte:

Bedenken wir, was unsere Kritik gegenüber der Kirche bewirkt. Zerstört sie oder baut sie Gutes auf? Wissen wir wirklich alle Hintergründe oder sprechen wir nur einer Meinung nach? Schließlich sollten wir überlegen, ob unsere Worte auch wirklich notwendig sind.

Ehrlich

… Da fragte Jesus die Zwölf: Wollt auch ihr weggehen? Simon Petrus antwortete ihm: Herr, zu wem sollen wir gehen? Du hast Worte des ewigen Lebens. Wir sind zum Glauben gekommen und haben erkannt: Du bist der Heilige Gottes. Jesus erwiderte: Habe ich nicht euch, die Zwölf, erwählt? Und doch ist einer von euch ein Teufel. Er sprach von Judas, dem Sohn des Simon Iskariot; denn dieser sollte ihn verraten: einer der Zwölf. (Joh 6,67–71)

Papst Benedikt XVI. sprach dazu im August 2012 während der Ansprache zum Angelusgebet folgende Worte: „Judas hätte eigentlich weggehen müssen, wäre er ehrlich gewesen. Er blieb nicht aus Glaube, nicht aus Liebe, sondern mit dem geheimen Plan, sich am Meister zu rächen. Warum? Weil sich Judas von Jesus verraten fühlte und beschloss, ihn seinerseits zu verraten. Judas wollte einen siegreichen Messias, der eine Revolte gegen die Römer anführte. Die größte Schuld Judas' war die Falschheit, die ein Zeichen des Teufels ist."

Papst Benedikt XVI. spricht damit an, dass Judas sich nicht von dem „Ich glaube!" des Petrus distanziert, obwohl er es nicht mittragen konnte. Es war ein falsches Spiel. Ja, er hat Jesus tatsächlich – obwohl er bis zum Ende einer der zwölf Apostel war – verraten.

Für unsere Beziehung zu Jesus Christus und auch zu unseren Mitmenschen ist die Ehrlichkeit von großer Bedeutung. Eine Scheinheiligkeit ist keine wirkliche Heiligkeit. Noch schlimmer ist es aber, wenn wir im Schutz des frommen Scheines gegen Gott und seine Gebote kämpfen. Sozusagen ein Apfel, der außen rot und innen faul ist. Leider kann es jedem Suchenden passieren, dass er auch innerhalb der Kirche Menschen begegnet, die zwar offiziell katholisch sind, aber ihre eigene Lehre verkünden oder nur Teile der ganzen Offenbarung Gottes weitergeben. Hier ist es gut, wenn wir uns an die offizielle Lehre der Kirche, wie sie auch im Katechismus der Katholischen Kirche nachzulesen ist, halten.

Auch jeder von uns steht diesbezüglich in Verantwortung vor Gott und vor dem Mitmenschen. Schenken wir unseren Mitmenschen die Fülle der Wahrheit. Leben wir ehrlich und ohne Falschheit. Kommen wir mit unseren Glaubenszweifeln zu einem guten Priester oder Mitchristen. Bringen wir unsere Probleme mit der Lehre der Kirche im Gebet vor Gott und bitten ihn um Hilfe. Aber bitte: nicht jeden persönlichen Zweifel als Wahrheit dem Nächsten anbieten.

Treue

In jedem Glaubensleben wird es auch dunkle Stunden geben. Zweifel schleichen sich in unseren Glauben. Offene Fragen werden zur bohrenden Bedrohung für unsere Überzeugung. Enttäuschungen von Menschen, die ich für vorbildlich gehalten habe, stellen mein Weltbild in Frage. Ich habe das Gefühl, dass auch Gott unheimlich weit entfernt ist und nicht auf mein Gebet oder gar Flehen hört.

Die dunklen Stunden unseres Glaubens sollen uns nicht von Gott und seiner Kirche entfernen. Sie sollen im Gegenteil zum tieferen Nachdenken und zur vertrauensvolleren Hinwendung Gott gegenüber führen. Selbst die gefühlte Gottesferne möchte unseren Entschluss für Gott nur noch stärker werden lassen. Sie prüft sozusagen unseren Glauben, unsere Hoffnung und unsere Liebe.

Es ist ein großes Risiko, unsere Glaubensüberzeugung an Menschen festzumachen. Menschen machen Fehler und können leicht enttäuschen.

Unser Herz und unser Verstand sollen sich deshalb an Jesus Christus und an der Lehre der katholischen Kirche orientieren. Wie traurig ist es, wenn ein Mensch, der die Frohe Botschaft angenommen hat, aufgrund von Fehlern anderer, alles niederlegt. Er verliert womöglich sein Glück und sein Heil.

Der Weg und die Hilfe durch die „Nacht des Glaubens" sind Lobpreis, Dank- und Bittgebete sowie Taten der selbstlosen Nächstenliebe. Eine besondere Kraft schenken die Sakramente der katholischen Kirche. Auch Gespräche mit Menschen, die diese Gefühle selbst durchlebt haben oder eine Ahnung davon haben, bringen Licht in das Dunkel.

Oft entsteht ein Zweifel im Glauben ganz einfach. Ein Beispiel aus meinem Leben: Nach dem Tod meines Beichtvaters legte ich als Jugendlicher einige Monate eine Beichtpause ein. Ich wollte mich keinem anderen Priester offenbaren. Auch stiegen Zweifel in mir hoch, ob es wirklich notwendig sei, regelmäßig oder überhaupt zur Beichte zu gehen. Der eigentliche Grund war aber meine mangelnde Reue bei bestimmten Sünden. Im Innersten bohrte die

Aussage der katholischen Kirche, dass die Beichte notwendig sei und große Gnaden schenke. In meiner Not betete ich tapfer um den richtigen Entschluss und bat auch meinen verstorbenen bisherigen Beichtvater um sein fürbittendes Gebet. Nach einiger Zeit drängte es mich, wenigstens mit einem Priester zu sprechen. Ich dachte mir, ich gehe brav in einen Beichtstuhl und erzähle dem Priester alles so, wie es eben ist, und dann werden wir schon sehen, was dabei zustande kommt. Mit dem Gebetspolster im Rücken und schwitzigen Händen betrat ich einen beliebigen Beichtstuhl in einer Wallfahrtskirche und musste feststellen, dass der Priester wohl alt und gebrechlich war. Er schien auch innerlich mit sich oder „jemandem" zu kämpfen. Ich erzählte dem Priester trotzdem wie vorgenommen alles ganz offen und ehrlich. Erzählte ihm, dass mir die Reue fehle und dass ich jetzt einmal gespannt bin. Was darauf geschah, war für mich ein Wunder: Der mir so suspekt vorkommende Priester sprach mir wenige Sätze zu und wie von Geisteshand fiel in mir die mangelnde Reue zusammen. Es war eine gute und glückliche Beichte. Mein Herz war frei und glücklich. Der Bann war gebrochen. Die Liebe Gottes hat gesiegt. Meine Zweifel über Sinn und Unsinn der Beichte waren vorbei. Gott sei Dank!

Immer wieder kann es vorkommen, dass uns Glaubenszweifel treffen. Zusammen mit dem Heiligen Geist können wir diese Zweifel jedoch überwinden. Ein guter Weg ist es, dass wir uns die jahrtausendalte Lehre der Kirche als Richtschnur nehmen. Treue gehört zur Liebe. Treue wird belohnt. Treue festigt eine Beziehung. Wir geben ja nicht irgendjemandem die Treue, sondern den Weisungen Gottes und seiner Kirche.

„Bleibt dem Glauben treu, den die Märtyrer mit ihrem Blut besiegelt haben. Denn nicht in der Anpassung an den Geist dieser Welt, sondern in der Nachfolge des einsamen Christus liegt das Heil der bedrohten Kirche." (Werenfried van Straaten)

Sexualität und Liebe

In Umfragen unter Jugendlichen stehen Liebe und Treue sowie familiäres Leben ganz oben auf der Wunschliste für ihre Zukunft.

Gleichzeitig werden die Empfehlungen der katholischen Kirche zu Liebe und Treue von den Jugendlichen allerdings als realitätsfremd bezeichnet. Und dies obwohl die Lehre der katholischen Kirche genau zu den soeben genannten Idealen aufruft.

Die Natur hat es in die Seele des Menschen gelegt: Aus der Liebe von Mann und Frau darf neues Leben entstehen. Mehr noch, es wird neues ewiges Leben geboren. Behütet durch die Liebe und Treue der Eltern, wird dem neuen Leben erneut die Basis für Freiheit, Verantwortlichkeit und Liebe ins Herz gepflanzt. Die Liebe und Treue erwirkt doppeltes Glück: für das Ehepaar und für die Kinder dieser liebenden Verbindung.

Die katholische Kirche sieht in Ehe und Familie einen großen Wert. Dies geht sogar so weit, dass die Kirche darin die kleinste Zelle der Kirche, die so genannte Hauskirche, erkennt. Die Ehe ist auf lebenslange Treue ausgerichtet. Beide Partner sind gleich wertvoll und sollen sich mit Hochachtung, Liebe und Dankbarkeit beschenken. Die liebevolle geschlechtliche Vereinigung von Mann und Frau innerhalb der Ehe ist der Höhepunkt dieser Verbindung. Auf diese Beziehung bereiten sich beide

Seiten in sexueller Reinheit und Keuschheit bis zur Ehe vor. So wird erreicht, dass die geschlechtliche Vereinigung inniglich mit der gegenseitigen Liebe verbunden ist. Es ist ein wirkliches Sichschenken. Ebenso führt es dazu, dass die Kinder, die aus dieser Vereinigung hervorgehen, in der dauerhaften Verbindung der Ehe ihren behüteten Platz finden können und damit selbst möglichst gut auf ein Leben in Freiheit, Verantwortung und Liebe vorbereitet werden. In diesem Lebensentwurf steht die gegenseitige Achtung und Liebe vor Egoismus und purer Lustbefriedigung. Es ist dies die Basis für ein lebenslanges glückliches Leben.

Welche Gründe hindern den heutigen Menschen in seiner Mehrzahl daran, diese über Jahrtausende erprobte, mit der Natur übereinstimmende und nachweislich zur Freude des Einzelnen führende Moral annehmen zu können?

Ich denke, es ist zum einen die Meinungsbildung in den verschiedensten Medien und zum anderen die Tatsache, dass gerade die Sexualität die Existenz des Menschen in ihrem innersten Kern betrifft und somit immer umkämpft sein wird.

Die öffentliche Sichtweise von Liebe und Moral wurde innerhalb von wenigen Jahrzehnten durch eine anfänglich kleine Gruppe aus Gesellschaft, Politik und Medien komplett auf den Kopf gestellt. Das Ausleben der Sexualität wurde nicht mehr auf Liebe begründet, sondern zur sexuellen Lusterfüllung degradiert. Gut ist, was gefällt. Ausgelebte Homosexualität wird angepriesen. Sexuelle Wanderbeziehungen gelten als normal. Der Partner bzw. die Partner und die gesamte Sexualität wurden zur Ware. Jede Art von sexueller Lustbefriedigung hat die gleiche Wertigkeit oder eben keine. Da die sexuelle Lust auch etwas Triebhaftes hat, neigt sie dazu, immer mehr zu fordern. Ohne erzieherische Führung und ohne Miteinbeziehung der Ehrfurcht und der herzlichen Liebe entgleist diese. Menschen, die in ihrer Jugend die Enthaltsamkeit nicht gelernt und eingeübt haben, verlieren sehr leicht die Fähigkeit, einen Menschen überhaupt ganzheitlich lieben zu können. Partner werden beliebig austauschbar. Pornografie und abartige Sexualität nehmen zu. Verschiedene Schätzungen sprechen in Deutschland von 200.000 bis zu 800.000 Internetsexsüchtigen. Weltweit fallen ca. 15 Prozent aller Internetseiten unter den Begriff Internetpornografie. Nach älteren Angaben werden weltweit rund 35 Prozent aller Downloads von diesen Seiten getätigt. Es wird vermutet, dass ca. 60 Prozent der deutschen Männer wöchentlich mindestens einen Sexfilm im Internet ansehen. Die Folge ist das Ausleben der Sexualität ohne Partner. Nur als Sache. Die Wirklichkeit, dass hinter jedem Sexbild und Sexfilm zumindest in ihrer Seele zerstörte Menschen stehen, wird ignoriert. Eine ehemalige Pornodarstellerin flehte nach ihrem Ausstieg alle Männer in einem öffentlichen Appell an, hinter jedem dieser Mädchen doch die eigene Tochter zu sehen und auf diese Art Abstand und Abscheu von deren Sexkonsum zu gewinnen. Dies sind alarmierende Zahlen und Informationen, die eine Zerstörung des Menschen zur Folge haben. Es ist gemein und stimmt traurig, dass die sexuelle Umerziehung der Gesellschaft schon bei den kleinen Kindern beginnt. Sexuell motivierte Spiele sind zum Teil schon im Kindergarten zu finden. Der Sexualkundeunterricht und zahlreiche offizielle staatliche Aufklärungsschriften dienen oft mehr der sexuellen Motivation als der dienenden Information. Die meisten Jugendlichen sind im Besitz eines internetfähigen Handys.

Somit steht ihnen die gesamte Sexwelt an jedem Ort und zu jeder Zeit ohne Einschränkung offen. Unzählige internetfähige Computer und Fernseher in den Häusern und Kinderzimmern tun ihr Übriges. Wer kann dieser Versuchung widerstehen? Jung und Alt werden heute gleichermaßen verführt. Mehr noch, sie werden umerzogen. Aus dem Ideal der Keuschheit wird das Ideal des sexuell „frei" agierenden Menschen. Man kann es auch einfach sagen: Geil ist in. Die Folge dieser als Freiheit vorgegaukelten neuen Moral ist genau das Gegenteil des Wunsches der Jugendlichen: Liebe, Treue und Familie.

Fazit ist also, dass die Gesellschaft die Jugend um ihre Ideale bringt. Reinheit bis zur Ehe hat ihren tiefen Grund. Kein junger Mensch kauft dadurch eine „Katze im Sack", sondern erkennt die Persönlichkeit und Aufrichtigkeit seiner Freundin, bzw. ihres Freundes erst wirklich. Der Verzicht auf unkeusche Bilder und Filme schenkt Kraft und Selbstbeherrschung.

Durch eine Freiheit, die zum Gefängnis wird, verkaufen bereits Kinder ihre Reinheit. Ein Priester erzählte mir, dass man genau merke, wann Kinder von ihrer Beziehung zu Gott getrennt werden. Es ist genau dann, wenn ihr feines Gewissen durch einen Lebensstil, der mit der Liebe Gottes nicht mehr im Einklang zu bringen ist, zerrissen wird. Die Kinder sind noch zu schwach, möchten keine Außenseiter sein und werden in die verschmutzten Lebensgewohnheiten ihres Umfeldes gezogen. Dieses Leben entfernt sie dann von der heiligen Kommunion und der Beichte, da beides gleichzeitig nur schwer bzw. nicht vereinbar ist.

Um einem Missverständnis vorzubeugen: Vermutlich wird niemand das Ideal in perfekter Form leben. Jeder Mensch macht Fehler, rutscht in ein Problem oder kämpft auch einmal vergebens. Jesus Christus wusste dies und hat deshalb die Sünden für uns auf sich genommen. Unsere Aufgabe besteht darin, immer wieder neu aufzustehen und nicht in der Sünde zu verweilen, die Sünde nicht als das Normale anzunehmen.

Was heute so viele Jugendlichen und Erwachsene an der wirklichen Zuwendung zur katholischen Kirche hindert, ist ihr „anderer" Lebensstil. Dieser „andere" Lebensstil wurde erst in den letzten Jahrzehnten von der Gesellschaft eingeführt und akzeptiert. Zuvor wurde er größtenteils sogar als Gesetzesverstoß geahndet. Das Blatt hat sich komplett gewendet. Heute muss der um seinen Ruf und seine „Gesetzestreue" bangen, der das christliche Weltbild offen vor der Gesellschaft bekennt und verteidigt. Wer z. B. einem Menschen, der seine homosexuellen Gefühle ändern möchte, Hilfe anbietet, hat ein Problem. Welch fatale Wirklichkeit! Trotzdem: Es lohnt sich wirklich, über den eigenen Lebensstil nachdenklich zu werden und ihn gegebenenfalls auch zu ändern. Vielleicht hilft uns das folgende Wissen ein wenig: Keine Gesellschaft, die die sexuelle Freizügigkeit in der heute propagierten Form praktizierte, konnte langfristig ihren Bestand sichern. Eine übersexualisierte Gesellschaft verliert an Kraft und Energie.

Erkenntnis

Ich kann mit meinen beschränkten Möglichkeiten nicht alles von der katholischen Glaubenslehre verstehen. Es gibt auch das Geheimnis des

Glaubens. Wenn jemand mit seinem Ja so lange warten möchte, bis er alles verstanden hat, kommt er nicht ans Ziel. Wir sind nicht allwissend und wir werden es niemals sein. Es gibt aber ein Wachsen in der Erkenntnis. Dies betrifft viele Bereiche.

Die Blume am Wegrand existiert, wächst und ist schön, ohne dass ich das letzte Geheimnis ihrer Existenz verstehen kann. Trotzdem bin ich sicher, dass alles mit der Blume seine Ordnung hat. Ich sehe die Blume in ihrer Pracht und das genügt, dass ich diese Blume ganz annehmen kann.

Mein persönliches „Ich glaube!" kann Überwindung kosten. Nach meiner Erkenntnis und grundsätzlichen Entscheidung für die katholische Kirche ist auch mein „Ich glaube!" zu deren Grundüberzeugungen notwendig. Wenn ich hier Einschränkungen mache, blockiere ich meinen als gut erkannten Weg.

Gewissen

Die entscheidende Instanz für unser Entscheiden,
Tun und Handeln ist das persönliche Gewissen.
Alles läuft über diesen Scanner. Das Gewissen
macht sich immer und überall in Windeseile ein
Bild von der Lage, fasst es in eine kurze „Empfehlung" für unsere Entscheidungsfindung zusammen und beruhigt oder klagt an.

Als Menschen guten Willens prüfen wir vor Entscheidungen unser Gewissen und richten uns danach. In der Regel funktioniert das prima und
wir gehen den rechten Weg.

Trotzdem sollten wir Vorsicht walten lassen.
Auch eine so genannte Gewissensentscheidung
kann – ohne dass wir im ersten Moment uns des-
sen so richtig bewusst werden – falsch sein. Unser
Gewissen kann durch unterschiedliche Gründe
falsche Entscheidungen treffen. Eine regelmäßige
Gewissenserforschung und eine Prüfung unserer
Grundeinstellung ist deshalb ungemein wichtig.

Unser Gewissen funktioniert aufgrund von feinen Antennen, die leicht gestört werden können. Wir sollten deshalb immer auf den klaren „Empfang" achten.

Wie leicht wird unser „Empfang" durch unser Umfeld beeinträchtigt. Wie leicht sagen wir uns: Das machen doch alle, das kann gar nicht so verkehrt sein. Oder Menschen, die uns nahestehen, denen wir vertrauen, haben großen Einfluss auf uns – im Guten wie im Schlechten. Eingefahrene Wege aufgrund der Erziehung oder sonstiger Führungen können uns für die Wahrheit blind werden lassen. Immer wieder sind es sogar Gesetze des Staates, die uns z. B. in Fragen der Menschenwürde in die Irre führen. Ohne es zu merken, fahren wir auf der falschen Spur.

Ein starker Störfaktor ist unser Stolz, unsere Eitelkeit, unser Hochmut. Das Schwierige daran ist, dass wir uns in der Regel weder stolz noch eitel oder hochmütig fühlen. Es geschieht schleichend und ist alltäglich. Das Fatale: Wir merken es meist nicht mehr und empfinden es schlicht als normal. Und doch – das ist meine große Überzeugung – liegt in diesem Störfaktor eine der größten Gefahren für unsere Seele. Wer sich sicher ist, sieht keinen Grund für eine Kursänderung. Er fährt einfach weiter.

Ein geheimnisvolles Störfeld sind unsere Sünden. Alles, was nicht im Willen Gottes Platz hat, was gegen die Liebe ist, legt sich wie ein Nebel auf unser Leben. Es verdunkelt geradezu unser Gewissen und reduziert unsere wirkliche Freiheit. Zwischen Gott und uns Menschen schleicht sich eine Wand. Hier vollbringt der Böse sein Meisterwerk. Hier hilft uns nur die Umkehr zur Liebe Gottes, die Bitte um Vergebung, das Sakrament der Buße. Gott vergibt uns und befreit uns von Nebel und trennender Wand. Er richtet unser Gewissen wieder auf das Gute und Schöne aus.

Auch mangelnde Liebe kann unseren Blick verstellen und uns in ein Funkloch treiben. Ein liebendes Herz ist viel offener als ein durch Egoismus geführter Mensch. Gelebte Gottes-, Nächsten-, Feindes- und recht verstandene Eigenliebe öffnen uns für das Wirken Gottes. Die Liebe schenkt uns Offenheit, selbst für die feinsten Funkwellen Gottes.

Sicherlich gibt es noch unzählige Störungen, die unser Gewissen beeinträchtigen können. Jeder Mensch hat andere Versuchungen und „Anfälligkeiten".

Wenn wir in Liebe und Demut auf der Lauer nach dem klaren Empfang sind, wird unser Gewissen immer klarer werden. Entscheidend ist, immer hörend zu bleiben: Was sagt Gott mir jetzt und heute? Was ist die Lehre der Kirche im Katholischen Katechismus? Auch dies kann ein Lebenswerk bedeuten. Es ist die Reife eines Menschen, die sich in einem guten Gewissen zeigt; ein Weg, der sich für Heute und für die Ewigkeit lohnt.

Freiheit

Wie viel Freiheit hat ein Mensch? Das Leben lehrt uns, dass wir von unseren Vorfahren eine Prägung bekommen haben. Manche Anlagen sind uns wohl mit Genen „zugeteilt" worden, andere Lebensmuster wurden uns anerzogen. Immer wieder stellt sich deshalb die Frage: Sind wir für unser Tun verantwortlich?

Auch aus geistlicher Sicht fragen wir oft: Was hat Gott mit uns vor? Wie ist unsere Lebensaufgabe? Sind wir auch von Gott schon verplant? Können wir mit diesem göttlichen Plan frei umgehen oder kommt es auf unsere Entscheidung gar nicht so sehr an?

„Schau auf die Freiheit eines Vogels und erkenne dabei deine eigene Freiheit." (Sprichwort)

Wir sind frei! Selbstverständlich werden wir von den verschiedensten Faktoren beeinflusst. Nicht nur die Gene, die Erziehung und der Plan Gottes, den es mit Sicherheit gibt, haben einen großen Einfluss auf uns. Zahlreiche kleine Faktoren wie Medien, öffentliche Meinung oder einfach eine bestimmte Stimmung, in der wir uns gerade befinden, verfehlen ihre Wirkung nicht. Trotzdem sind wir nicht fremdgesteuert.

Wären wir fremdgesteuert, egal, durch welche Kräfte oder physischen Gesetze, könnten wir für unser Tun keine Verantwortung übernehmen. Wir würden wie simple Marionetten funktionieren. Kein Mörder hätte Schuld für sein Tun, im

Gegenteil, es war dann wohl sein Auftrag. Jede Strafe oder Erziehung würde sich als überflüssig und deplatziert erweisen. Nein, wir sind mit Gaben ausgestattet, die es uns erlauben, Entscheidungen selbst zu fällen. Natürlich kann, zum Beispiel aufgrund einer psychischen Erkrankung, auch ein Mörder unschuldig sein. Dies kann aber nicht zum Regelfall erklärt werden.

Gott wollte den Menschen als sein Abbild haben. Der Mensch sollte wie Gott lieben können. Gott schenkte dem Menschen den freien Willen.

„Je weniger wir entscheiden, umso mehr Entscheidungen werden uns abgenommen, je weniger wir unsere Freiheit gebrauchen, umso unfreier werden wir, umso mehr wird für uns entschieden." (Pfarrer Ulrich Filler)

Weil unsere Freiheit aber so umkämpft ist, sollten wir alles daransetzen, uns diese Freiheit im guten Sinne zu erhalten. Die größte Freiheit erreichen wir, wenn wir uns nach dem Plan Gottes entwickeln. Keine böse Macht und keine falschen Fährten können uns dann mehr einengen. Zusammen mit dem Heiligen Geist können wir immer mehr im Einklang mit dem Schöpfer leben. Friede im Herzen wird die Frucht dieses Einklanges sein.

Bruder Sonne und Schwester Mond

In der Geschichte des Christentums finden wir immer wieder Orientierungen für ein gutes und befreiendes Leben mit Gott. Im Sonnengesang hat uns der heilige Franz von Assisi ein wunderbares Bild geschenkt:

Der Sonnengesang
1. Höchster, allmächtiger, guter Herr,
dein sind der Lobpreis, die Herrlichkeit und Ehre
und jeglicher Segen.
Dir allein, Höchster, gebühren sie,
und kein Mensch ist würdig, dich zu nennen.

2. Gelobt seist du, mein Herr,
mit allen deinen Geschöpfen,
zumal dem Herrn Bruder Sonne;
er ist der Tag, und du spendest uns das Licht durch ihn.

Und schön ist er und strahlend in großem Glanz,
dein Sinnbild, o Höchster.

3. Gelobt seist du, mein Herr,
durch Schwester Mond und die Sterne;
am Himmel hast du sie gebildet,
hell leuchtend und kostbar und schön.

4. Gelobt seist du, mein Herr,
durch Bruder Wind und durch Luft und Wolken
und heiteren Himmel und jegliches Wetter,
durch das du deinen Geschöpfen den Unterhalt
gibst.

5. Gelobt seist du, mein Herr,
durch Schwester Wasser,
gar nützlich ist es und demütig und kostbar
und keusch.

6. Gelobt seist du, mein Herr,
durch Bruder Feuer,
durch das du die Nacht erleuchtest;
und schön ist es und liebenswürdig und kraftvoll
und stark.

7. Gelobt seist du, mein Herr,
durch unsere Schwester, Mutter Erde,
die uns ernährt und lenkt
und vielfältige Früchte hervorbringt
und bunte Blumen und Kräuter.

8. Gelobt seist du, mein Herr,
durch jene, die verzeihen um deiner Liebe willen
und Krankheit ertragen und Drangsal.
Selig jene, die solches ertragen in Frieden,
denn von dir, Höchster, werden sie gekrönt werden.

9. Gelobt seist du, mein Herr,
durch unsere Schwester, den leiblichen Tod;
ihm kann kein Mensch lebend entrinnen.
Wehe jenen, die in schwerer Sünde sterben.
Selig jene, die sich in deinem heiligsten Willen
finden,
denn der zweite Tod wird ihnen kein Leid antun.

10. Lobt und preist meinen Herrn
und sagt ihm Dank und dient ihm mit großer
Demut.

Es ist ein kostbares Wissen, dass alles von Gottes

Allmacht ausgeht. Wir können einem persönlichen Schöpfer danken und ihn lobpreisen. Die Natur und gesamte Schöpfung dürfen wir so als eine Familie sehen. Wir sind wie Geschwister miteinander verbunden. Die Achtung der Natur und gegenseitige Fürsorge werden so selbstverständlich. Es tut gut, selbst Krankheit, Drangsal und den Tod als Teil der Familie zu betrachten. Geborgen sein in Gott. Lediglich die Sünde sollen wir vermeiden. Sie könnte zu unserem zweiten Tod, zum eigentlichen Tod, der ewigen Trennung von Gott, führen. Nehmen wir mit Dank und großer Demut SEIN Angebot an: Gott steht am Anfang und am Ende und nimmt uns in seine liebenden Arme.

Mach mal Pause!

Der Spruch „In der Ruhe liegt die Kraft" geht uns leicht über die Lippen.

Wir sehen unser Spiegelbild nur in einem Brunnen, dessen Wasser gänzlich ruhig ist.

So ähnlich steht es auch um unser Inneres: Durch die Ruhe kann Gott zu uns sprechen. Durch die Ruhe können die tiefen Gedanken in uns Platz nehmen.

Der Ungeist beschäftigt uns den ganzen Tag mit Arbeit, Hobby, Begegnung, Medien und vielem mehr.

„Die gewöhnliche Überbeschäftigung des modernen Menschen in allen Gesellschaftskreisen hat zur Folge, dass das Geistige in ihm verkümmert." (Albert Schweitzer)

Lieben wir die Ruhe …

Sorge im Blick auf die Kirche

Mit Sicherheit gab und gibt es eine Vielzahl berechtigter Kritik an der katholischen Kirche. Wer trägt die Schuld für die Fehler der Kirche? Die katholische Kirche ist überzeugt, dass sie von Gott gewollt und gegründet wurde. Sie ist ebenfalls davon überzeugt, dass Jesus Christus Gottes Sohn ist. Daraus nehmen wir die Gewissheit, dass seine Botschaft der Wahrheit entspricht. Die Fehlerquelle liegt bei uns Christen. Es menschelt!

Papst Benedikt XVI. war der Überzeugung, dass innerhalb der katholischen Kirche eine nicht unerhebliche „Verweltlichung" Platz gewonnen hat. Die klare und logische Folge der „Verweltlichung" besteht im Aufruf zur „Entweltlichung", zu einer Hinführung zum Göttlichen.

„Die geschichtlichen Beispiele zeigen: Das missionarische Zeugnis der entweltlichten Kirche tritt klarer zutage. Die von ihrer materiellen und politischen Last befreite Kirche kann sich besser und auf wahrhaft christliche Weise der ganzen Welt zuwenden, wirklich weltoffen sein." (Papst Benedikt XVI. am 25. September 2011 in Deutschland)

Nun ist es ja nicht so, dass unsere menschlichen Bedürfnisse im Gegensatz zu Gottes Willen stehen. Das Gegenteil ist der Fall. Der Begriff „Welt" steht hier für die Versuchung, unseren eigenen sündigen Neigungen und den Verlockungen des Bösen den Vorrang vor dem Willen Gottes zu geben. Unter „Verweltlichung" verstehen wir die Situation, wenn wir den unguten weltlichen Begehrlichkeiten den Vorrang vor den Geboten und Eingebungen Gottes geben. Bei der „Verweltlichung" steht also Gottes Wille nur noch an zweiter Stelle.

Ich möchte einige Punkte, in denen ich persönlich Raum für „Entweltlichung" erkenne, nennen. Mir ist bewusst, dass ich mich damit der Gefahr aussetze, den Splitter im Auge meines Nächsten zu sehen und meinen eigenen Balken nicht zu erkennen. Im Rahmen meiner Gedanken zur Wahrheitssuche soll aber auch die Sorge an der Kirche einen Platz bekommen. Es geht nicht um Kritik, die vom Glauben wegführen soll, sondern sie möchte darauf hinweisen, dass wir auch als Christen unsere Meinung sagen dürfen, ja manchmal sogar sagen müssen. Wahrheit und Liebe. Glaube und Vernunft.

Ich sorge mich ...

... wenn in der Kirche immer wieder der Gedanke der Macht und der Karriere dem Gedanken

des Dienens zuvorkommt. Die Ämter in der Kirche, bis hin zum Papst, haben alle einen dienenden Charakter. Sie dienen dem dreifaltigen Gott, den Menschen und stehen für die Verkündigung der Wahrheit ein. Dieser Dienst an der Wahrheit kann sehr leicht zu Ansehensverlust und Erniedrigung führen. Er erfordert großen Mut. Gedanken der Macht und der Karriere entstellen das Bild Christi.

*... **wenn die Kirche der Versuchung erliegt, dem Mammon Geld ein zu großes Gewicht zu geben.*** Wer Wasser predigt und Wein trinkt, wird unglaubwürdig. Es ist klar, dass die Kirche in der Welt lebt und somit Geldfragen nicht ausweichen kann. Aber auch hier gilt es, unser Verhalten ehrlich zu prüfen. Was ist wirklich notwendig? Wo ist die Ansammlung von Vermögen mit Blick auf die weltweite Not gerechtfertigt? Welche Spekulationen und Investitionen vertragen sich nicht mit den Geboten Gottes?

*... **wenn die Kirche von der Politik abhängig wird.*** Die Nähe zwischen Politik und Kirche kann angenehm und gut sein. Schwierig wird

es in Zeiten wie heute, in denen die Inhalte der Politik nicht mit den Überzeugungen der Kirche übereinstimmen. Abhängigkeiten zwischen Kirche und Politik sind in diesem Moment genau zu prüfen, auch wenn es weh oder sogar sehr weh tut.

... wenn kirchliche Unternehmen unchristlich geführt werden. Wo katholisch draufsteht, soll so viel wie möglich auch katholisch drin sein. Leitendes Personal, das zwar fachlich gut gebildet ist, aber die katholischen Werte und Inhalte mit Füßen tritt, zerstört Vertrauen.

... wenn ich den „katholischen Fuhrpark" sehe. Selbstverständlich muss beispielsweise ein Bischofsauto auch für längere Fahrten einen genügenden Standard haben. Diesen Standard bieten heute aber auch Autos, die nicht zur oberen Klasse zählen. Das Auftreten der Kirche muss nicht dem „politischen Standard" entsprechen. Ein Bischof wird nicht an seinem „Standing" gemessen, sondern an seiner Wahrhaftigkeit. Ich bin überzeugt, dass ein „einfacher" Bischof einen wesentlich besseren und glaubwürdigeren Zugang zu

den Herzen seiner Diözese hat. Es gibt ein großes Vorbild: Jesus Christus, den die Bischöfe ja hier auf Erden vertreten.

... wenn in bestimmten kirchlichen Medien nicht die Wahrheit, Liebe und Evangelisation im Mittelpunkt stehen, sondern Dauerkritik an der Kirche, Selbstdarstellung und Lieblosigkeit dominieren. Durch die Benützung der Medien stehen der Kirche heute ungeahnte Möglichkeiten offen. Die Weltkirche, besonders in armen Ländern, gibt uns ein Beispiel. Ich weiß z. B. von einem Bischof, der täglich eine Stunde seine Diözese über das Radio religiöse Inhalte vermittelt und mit ihnen betet. Unsere in Abhängigkeiten und Abartigkeiten verstrickte Welt sehnt sich nach Heil und Heilung.

... wenn starke moralische Verfehlungen, bis hin zum Missbrauch von Kindern, innerhalb der katholischen Kirche – und dazu noch mit dem Wissen anderer –, möglich sind. Ich hoffe, kann mir aber nicht sicher sein, dass dieser Punkt ausschließlich die Vergangenheit beschreibt. Wo Menschen sind, können auch Fehler der Zukunft

nicht ausgeschlossen werden. Jesus Christus liebte die Kinder und stellte sie den Erwachsenen als Vorbild dar. Unsere Verantwortung für das Heil der Kinder ist sehr groß. Allerdings habe ich auch Situationen erfahren, in denen Priester unglaubwürdigen Vorwürfen, mit dem Ziel des Rufmordes, ausgesetzt waren. Auch das Wirken eines Priesters darf nicht missbraucht werden.

... wenn wir Christen in den verschiedenen Kirchen und Konfessionen nicht mit innigem Gebet, tiefer Liebe und großer Sehnsucht nach der Wahrheit suchen, um die Trennungen zu überwinden. Es ist nach wie vor ein Skandal, dass wir Christen getrennt sind. Wir alle sollten daran leiden und den Heiligen Geist, an den wir alle glauben, bestürmen. Faule Kompromisse würden eine nur scheinbare Einheit sehr schnell wieder gefährden. Gesucht sind Wahrheit, Liebe und Geduld.

... wenn nicht die Verkündigung von Jesus Christus als Sohn Gottes im Mittelpunkt der Verkündigung steht. Wenn in Christus und seiner Lehre nicht mehr die Botschaft von Gottes Sohn erkannt wird, ist alles austauschbar. Die Kirche

wird auf einen wertvollen, aber beliebigen Verein reduziert. Das Glaubensgut, das über Jahrhunderte, ja Jahrtausende Menschen zur Heiligkeit führte, wird so innerhalb weniger Jahrzehnte einem Zeitgeist geopfert.

… wenn Vertreter der Kirche, aus Rücksicht auf ihren Ruf, dem Zeitgeist und der Sünde nicht widersprechen und so die Menschen nicht zum hellen Licht von Gottes Botschaft führen. Junge Menschen, die sich in moralischen Fragen an kirchliches Personal wenden, bekommen unterschiedlichste Antworten. Auch über die Grundwahrheiten unseres Glaubens stehen die Überzeugungen und Empfehlungen nicht nur bei einem kleinen Teil der Priester, Diakone und hauptberuflich Tätigen quer zur Lehre der katholischen Kirche. Eine verhängnisvolle Kette: Wenn in der öffentlichen Wahrnehmung Bischöfe gegen den Papst sprechen und in der Folge auch zahlreiche Priester kein Problem haben, gegen ihren Bischof zu stehen, ist es die logische Konsequenz, dass der einfache Gläubige nicht mehr seinem Priester vertraut. Im Letzten spielt jeder ein wenig selbst Papst und Religionsgründer.

... wenn Theologen, Religionslehrer und katholische Professoren eine eigene Botschaft verkünden und nicht die Lehre der katholischen Kirche an ihre Schüler und Studenten weitergeben. Gerade die Multiplikatoren und die Lehrenden haben einen großen Einfluss darauf, was die Menschen in Zukunft glauben. Aus diesem Grund hat der einfache Gläubige ein Recht auf eine wahrheitsgetreue Verkündigung.

... wenn Teile der christlichen Botschaft vernachlässigt werden. Der christliche Glaube betrifft alle Lebensbereiche. Er spricht die soziale Verantwortung zwischen Reich und Arm an. Der Schutz der Schöpfung kann uns Christen nicht gleichgültig sein. In Krankheit, Behinderung, Einsamkeit, Altersgebrechen, Ausgrenzung, Hass, Not, Verzweiflung usw. ist unsere Nächstenliebe gefragt. Darüber hinaus wurden die Apostel nicht nur zur Verkündigung des Evangeliums ausgesandt, sondern auch um zu heilen, wo es Gottes Wille ist. Es gibt dazu sicherlich noch viel mehr Punkte. Bitten wir also den Heiligen Geist, dass wir alle seine Gaben und Berufungen entdecken und ernst nehmen!

... wenn sich Priester, Diakone und Katecheten nicht trauen, die großen Schätze der Gegenwart Gottes in der heiligen Eucharistie oder der Vergebung in der Beichte der heutigen Menschheit als etwas Schönes vorzustellen. Ein demütiger, liebender und der Wahrheit verpflichteter Priester, Diakon oder auch Laie bewegt sein Umfeld. Er wirkt glaubwürdig. Die Menschen fragen nach seinen Beweggründen. Er verkündet schon durch sein Vorleben. Ein Priester, der sich bei einer Beichte zeigt, kann befreit dafür werben. Eine Gemeindereferentin, die vor dem Allerheiligsten kniet, kann danach die Gläubigen dazu einladen. Ein Christ, der im Alltag Gott und seinen Nächsten liebt, setzt ein Ausrufezeichen oder hinterlässt zumindest ein Fragezeichen.

... wenn in einer Pfarrei die Beichte oder die Anbetung nicht mehr angeboten werden. Selbst Priester, die noch an die Schönheit von Beichte und Anbetung glauben, möchten ihre Gemeinde damit nicht „nerven". Oft schrumpfen das Beichtangebot oder die Zeiten der Anbetung auf ein Minimum. Die Folge ist, dass die Gläubigen schon aufgrund des mangelnden Angebotes da-

rin kein wichtiges Element des Glaubens erkennen können. Ich hörte einmal den Ausspruch, dass ein mit einem wartenden Priester besetzter Beichtstuhl das beste Zeugnis für die Geduld Gottes mit uns Sündern sei.

... wenn die Bischöfe ihre Pfarreien nur in Feststimmung und nach Schönheitsreparaturen sehen dürfen und nicht durch spontanes Mitfeiern der Sonntagsmesse. Das Umfeld des Bischofs entspricht nicht immer der Lebensrealität der breiten Bevölkerungsschicht. Immer wieder erlebe ich, wie bei lange im Voraus angekündigten Bischofsbesuchen in Pfarreien alles auf die Beine gestellt wird, was nur irgendwie zu bewegen ist. Die nur noch aus der Namenskartei bekannten Erstkommunionkinder des Vorjahres werden eingeladen. Der vom Absterben bedrohte Kirchenchor schiebt Sonderschichten, um die Gastsänger aus dem Nachbarort unmerklich einzugliedern. Der Bischof wird auch nicht mit der Kritik an seiner Person konfrontiert, sondern erhält einen herzlichen Empfang. Selbst der coolste Pfarrer wirft sich für diesen Tag in klerikale „Schale". Ja, und der Bischof kommt und erlebt eine „leben-

dige" Gemeinde. Wie würde das Bild aussehen, wenn der Bischof kurzfristig anrufen würde und zusammen mit dem Priester die heilige Messe in seiner Pfarrei feiert. Ohne Sonderaufwand.

... wenn Predigten nicht für den Alltag brauchbar sind. Einfache, klare und liebevolle Worte geben Orientierung. Ohne Wissen über den Glauben, wird mir dieser nicht interessant vorkommen. Um nicht zu sehr zu „verweltlichen", sind wir auf die Auslegung des Evangeliums, und was es für unseren heutigen Alltag bedeutet, angewiesen.

Dauerkritik

Es gibt einige Punkte, die an der katholischen Kirche immer wieder – fast schon ermüdend – in der Kritik stehen. Oft habe ich das Gefühl, dass die Kritiker gar nicht an einer begründeten Antwort interessiert sind. Zahlreiche Mitläufer nehmen diese Kritik auf, weil sie modern erscheint und auch von den breiten Medien unterstützt wird. Wenn viele eine Sache falsch machen, erscheint es nach außen nicht mehr als Fehler. Die

Wirklichkeit passt sich so nach und nach unserer eigenen Schwäche an. Dies führt fast zwangsläufig zu einer dauerhaften Spirale nach unten. Sollten wir uns nicht viel mehr an der Heiligkeit Gottes orientieren und unsere Schwachheit immer wieder daran aufrichten? Denken wir daran, dass wir, um einen guten Ausblick zu erleben, immer zuerst einen durchaus anstrengenden Aufstieg zurücklegen müssen. Im Blick auf die Dauerkritikpunkte wünsche ich uns allen einerseits die notwendige Gelassenheit und andererseits die notwendige Offenheit, Demut und Ehrlichkeit. Manchmal müssen wir uns auch einfach im Gehorsam der katholischen Lehre anschließen.

Frauenpriestertum
Nach einem kurzen Gespräch über Frauenpriestertum mit einer sympathischen Frau mittleren Alters schrieb ich folgenden – leicht abgeänderten – Brief:

Liebe Frau …,
… Gleichzeitig bin ich mit meinen Gedanken bei unserem „Tür-und-Angel-Gespräch" zum Thema Frauenpriestertum.

Jeder von uns trägt Wünsche, Anschauungen und Überzeugungen mit sich. Sie sind geprägt durch unser Umfeld wie auch durch gehörtes, erlebtes, gelesenes und gefühltes Wissen. Wer sich Gedanken macht und aktiv lebt, erfährt immer eine gewisse Spannung. Nur Gleichgültigkeit macht langweilig ...

Geprägt durch meine Erkrankung, fühle ich eine tiefe Sehnsucht nach Wahrheit und Barmherzigkeit. Ich suche die Wahrheit, erlebe meine Fehler und hoffe auf die Barmherzigkeit Gottes. Ja, unser Glaube ist schön. Er ist die Liebe.

Es drängt mich, Ihnen ein paar meiner Gedanken als Ergänzung und zum besseren Verständnis meiner Worte zu schreiben. Bitte entschuldigen Sie meine Emotion und Leidenschaft.

Auch ich denke, dass es richtig ist, um eine Meinung zu ringen. Wir brauchen das offene und liebende Gespräch zur Entscheidungsfindung. So erleben wir gerade beim Thema Frauenpriestertum verschiedene und gegensätzliche Überzeugungen:

- *Während die katholische Kirche seit ihrer Gründung der Überzeugung ist, dass Jesus nur Männer zum Priestertum berufen hat und auch heute beruft, wird dies von einzelnen Gruppen als Machtdenken oder als mangelnde Gleichberechtigung verstanden. Manchmal denke ich, dass dieser Wunsch nach „Gleichberechtigung" ihre Wurzeln in einem oft falsch gelebten Priestertum hat. Ein Priester und Bischof ist schlicht ein Diener, der nicht durch sich selbst, sondern nur durch die Weihe seine priesterliche Vollmacht bekommt. Es gibt großartige Beispiele solcher dienender Priester. Jesus wurde von Frauen und Männern begleitet. Er brach ohne Scheu die Vorurteile der damaligen Zeit. Und dennoch wählte er nur Männer als seine Apostel aus. Gleichzeitig schenkte er als einziger Person einer Frau die Freiheit von der Erbsünde. Jesus Christus barg sich in der Liebe seiner Mutter. Sie „motivierte" ihn zu seinem ersten Wunder und sie stand unter seinem Kreuz. Auf der gesamten Welt und sogar von den Moslems wird Maria um Fürsprache in allen Anliegen gebeten. Ja, die Größe der Frau ist nicht geringer als die Größe des Mannes. Die Frau darf fruchtbar sein – aus ihr wächst die gesamte Zukunft. Leider werden heute in der Gesellschaft* und immer wieder auch in der Kirche die Frauen vermännlicht und die Männer verweiblicht. Aus der Psychologie wissen wir, dass daraus leicht Probleme entstehen. Oft wird den Herzen dadurch die wirkliche tiefe Freude geraubt.

- Vorsichtig sollten wir mit der Aussage sein, dass die katholische Kirche wenigstens Diakoninnen zulassen sollte. Dazu sagen selbst führende Befürworterinnen des Frauenpriestertums, dass dies nur eine Zwischenstufe sei. Theologisch steht nach einer Diakoninnenweihe der Priesterweihe der Frau nichts mehr im Wege, da beide – zusammen mit der Bischofsweihe – eine gemeinsame Weihe darstellen. Leider wird immer wieder darauf verwiesen, dass während der ersten Jahrhunderte Diakoninnen ihren Dienst taten. Diese hatten eine besondere Segnung. Es wurde innerhalb der offiziellen Kirche meines Wissens immer der entscheidende Unterschied aufrechterhalten. Noch heute kennen wir Diakonissen in der evangelischen Kirche – diese haben keine Weihe, sondern sind in der Nähe der Orden zu sehen.

- *Entscheidend ist letztendlich in dieser Frage der Wille Gottes. Um diesen dürfen wir zusammen mit dem Heiligen Geist ringen. Wenn aber eine Entscheidung getroffen wurde, sollten wir diese auch annehmen. Ein ständiges öffentliches Nachtreten wirkt hier nur noch zerstörerisch. Nach langen Diskussionen und Gesprächen hat Papst Johannes Paul II. am 22. Mai 1994 dazu einen Schlusspunkt gesetzt, indem er den Standpunkt der katholischen Kirche erneut festgelegt hat:*

„Damit also jeder Zweifel bezüglich der bedeutenden Angelegenheit, die die göttliche Verfassung der Kirche selbst betrifft, beseitigt ist, erkläre ich kraft meines Amtes, die Brüder zu stärken, dass die Kirche keinerlei Vollmacht hat, Frauen die Priesterweihe zu spenden, und dass sich alle Gläubigen der Kirche endgültig an diese Entscheidung zu halten haben."

Jesus hat seiner Kirche, die er auf Petrus gegründet hat, die Vollmacht zugesprochen, Entscheidungen zu treffen. Gott versprach auch, dass er seine Kirche bis zum Ende der Welt durch den Heiligen Geist führen wird. Wenn wir nun nach langjährigen Gesprächen, gestärkt durch 2000 Jahre Geschichte und getragen durch das Gebet die heutige Entscheidung haben – so dürfen wir sie annehmen.

Selbstverständlich wird, wie in allen anderen Bereichen, immer wieder die persönliche Entscheidung gefordert. Immer wieder dürfen wir uns dann in Liebe, Demut und mit dem Willen zur Wahrheit durch Gebet und Gespräch auf den Weg machen. Eine trotzige öffentliche Haltung sollte aber vermieden werden. Dies gilt auch für viele andere Glaubenswahrheiten. Wir haben eine Verantwortung für unser öffentliches Wirken gegenüber unseren Mitmenschen.

Gott schenkt uns die absolute Freiheit. Natürlich tragen wir so manche Entscheidung – zu der wir uns nicht durchringen können – sehr lange in uns. Ich persönlich hatte diesen Weg auch mit der Beichte. Gott geht diesen Weg mit. Doch sollten wir auch die Worte Jesu bedenken, mit denen er selbst seine Apostel vor die Entscheidung stellt: Wollt auch ihr gehen? Wenn wir uns dauernd öffentlich gegen eine klare Aussage der Kirche stellen, kommt automatisch die Frage: Will und kann ich in diesem Glauben meine Heimat finden? Vertraue ich der Kirche, die als Einzige die gesamte Zeit überdauert hat – von Petrus bis *zum heutigen Papst –, oder entscheide ich mich für einen anderen Glauben? Jesus wird bis zu meinem letzten Atemzug um mich kämpfen. Er liebt mich. Glaube und Religion lassen sich nicht nach Mehrheiten und Stimmungen verändern. Dies wäre sehr gefährlich. Es geht nicht um Macht. Es geht um Glaube, Hoffnung und Liebe. Diese drei lassen sich finden. Gott hat Sehnsucht nach uns und wir nach ihm. Oft sind wir zu sehr im Hier und Jetzt gefangen. Entscheidend für uns ist aber die Ewigkeit. Entscheidend ist unser wirklicher Kontakt mit Jesus Christus. Unsere Demut: Herr, dein Wille geschehe! Jesus, ich vertraue auf dich und dein Wort. Jesus, ich bete dich an. Jesus, heile du mich. Jesus, ich liebe dich.*

In diesem Sinne danke ich Ihnen für Ihre Geduld und bitte Sie auch um Ihr Gebet.
Gerne lade ich Sie zu einem Gespräch ein.

Ihr
Klaus Wundlechner

Zölibat

Warum dürfen die Priester nicht heiraten? Die wichtigste Antwort lautet: Weil auch Jesus nicht verheiratet war. Beim Lesen des Neuen Testamentes kommen wir immer wieder auf die Stellen, in denen Menschen alles zurücklassen und Jesus nachfolgen. Sie machen sich gänzlich frei für ihn. Nichts soll ihr Tun und Handeln beeinträchtigen. Der Priester ist mit der heiligen Kirche vermählt, sie wird durch die Weihe seine Braut. Wie leicht würde heute ein verheirateter Priester aus Rücksicht gegenüber seinen Kindern auf kritische Worte zum Zeitgeist verzichten!

Durch den Verzicht, den der Zölibat wirklich darstellt, bezeugt der Priester, dass er nicht aus Machtkalkül und wegen weltlichem Glück Priester wurde, sondern in erster Linie ein Diener sein möchte. Er wird gleichzeitig zum Vorbild für alle, die – aus welchen Gründen auch immer –, ebenfalls nicht heiraten und ihr Leben alleine gestalten (müssen). Auch in anderen Kulturen und in einigen Religionen wird der zölibatär lebende Mönch sehr geachtet. Entscheidend ist der freie Entschluss für diese Lebensform. Niemand wird zu dieser Lebensform gezwungen.

Interessant ist auch die Antwort eines Priesters, der etwas keck feststellte, dass es sicherlich nicht einfacher ist, ein ganzes Leben lang mit dem gleichen Ehepartner verheiratet zu sein, als andererseits dem Zölibat treu zu bleiben.

Gott schenkt die Gnade. Gott beruft und er möchte uns auf unserem Lebensweg begleiten, liebevoll und treu.

Der Wunsch vieler Priester ist übrigens nicht die Aufhebung der von ihnen selbst ausgesuchten Lebensform, sondern das Verständnis der Menschen. Sie wünschen sich, dass zumindest die Gläubigen der eigenen Kirche die Priester nicht bemitleiden, sondern sie bestärken.

Kommunionempfang für alle
Der Empfang der heiligen Kommunion ist die direkteste Verbindung zwischen Gott und Mensch. Jesus ist in der Hostie und in dem

Wein tatsächlich gegenwärtig. Wenn wir den Leib Christi bzw. das Blut Christi bei der heiligen Messe empfangen, berühren sich wirklich Himmel und Erde. Jesus liefert sich uns schutzlos aus und wird zur wirklichen Nahrung. Dies ist unser Glaube und der Glaube der römisch-katholischen Kirche.

Für den würdigen Empfang dieses Sakramentes ist es also unbedingt notwendig, dass wir dieses „Geheimnis des Glaubens" als Wirklichkeit anerkennen. Eine so genannte „Eucharistische Gastfreundschaft" zum Beispiel zwischen katholischen und evangelischen Christen ist schon aus diesem Grund unmöglich. Im evangelischen Abendmahl werden das Brot und der Wein eben nur als Symbol oder Zeichen gesehen. Die evangelischen Christen betrachten ihre übrigen Brote im Anschluss an den Gottesdienst als normale Brote. Die Katholiken stellen die übrigen Brote in den Tabernakel der Kirche und beten dieses Brot als Leib Christi an. Diese Unterscheidung war bereits kurz vor dem letzten Abendmahl vor dem Kreuzestod Jesu ein großer Streitpunkt. Ein Großteil aller, die mit Jesus zusammen waren, hat ihn aus diesem Grund verlassen. Der Glaube an die Eucharistie ist deshalb durch die gesamte Kirchengeschichte eine der wichtigsten Glaubensaussagen.

Wegen dieser Auslieferung Gottes an uns und aus dem Glauben an die wahre Existenz Gottes in der heiligen Eucharistie ist es auch zu erklären, dass wir nur dann die heilige Kommunion empfangen dürfen, wenn wir nicht in einer schweren Sünde (so genannten Todsünde) leben. Dies leuchtet den meisten Menschen ein. Schwieriger wird es, wenn wir den Hinweis geben, dass nach unserem katholischen Glauben z. B. das eheähnliche Zusammenleben eines Paares ohne kirchliche Trauung oder auch das Ablehnen einer entscheidenden Glaubenswahrheit als schwere Sünde zu betrachten ist.

Die katholische Kirche bittet alle betroffenen Menschen, trotz dieser Problematik zur heiligen Messe zu kommen und eben in geistiger Weise zu kommunizieren. Das bedeutet, in einem kurzen Gebet Jesus zu bitten, auf geistige Weise in „mein Herz" zu kommen. Gleichzeitig ist diese Trennung von der heiligen Kommunion auch ein Aufruf zum Nachdenken und soll zur Umkehr von der Sünde anregen.

Wichtig: Es ist keine Strafe oder Demütigung. Es ist der Ausdruck eines objektiven Widerspruchs zum Gesetz Gottes.

Dass es beim Empfang der heiligen Kommunion immer schon Regeln gab, zeigt uns folgender geschichtlicher Hinweis: Im frühen Christentum wurde es so gehandhabt, dass alle miteinander den Wortgottesdienst feierten und anschließend nur die Getauften und die ohne so genannte Todsünde lebenden Christen an der Eucharistiefeier teilnahmen. Die Entscheidung über die Regeln des Kommunionempfangs lagen und liegen auch heute nicht beim einzelnen Priester. Hier gelten die Weisungen der Kirche, die keiner Willkür entsprechen, sondern einen tiefen Grund haben.

Für uns als Mitchristen gilt aber die klare Regel: Wir können und dürfen über einen anderen Menschen nicht urteilen. Wir blicken nicht in die Seele unseres Nächsten. Auch wissen wir nicht, ob bei ihm alle Punkte, die für eine Todsünde vorliegen müssen, zutreffen. Unser Auftrag liegt auch hier in der Liebe. Aus dieser Liebe heraus sollen wir ganz besonders für Menschen in schwierigen Glaubenssituationen beten. Diese Liebe soll uns aber auch dazu drängen, unserem Nächsten zu helfen. Dies ist nicht einfach und kann leicht falsch gedeutet werden. Die Bibel gibt uns die Weisung, nicht zu verurteilen, und fordert uns gleichzeitig auf, unseren Nächsten vor der Sünde zu warnen und damit zu schützen: Wahrheit und Liebe.

Sexualmoral/Verhütung/Abtreibung/ Euthanasie

Durch den Blick der breiten Medien und der sich für aufgeklärt haltenden Bevölkerungsmehrheit gesehen, hat die katholische Kirche eine absolut altmodische und verstaubte Ansicht von Sexualität, Verhütung und Abtreibung …

Ja, was tun, wenn man trotzdem katholisch ist?

Abtreibung/Euthanasie

Was die Abtreibung betrifft, kann man durchaus seine ablehnende Überzeugung darstellen. Zu deutlich ist das Unrecht, das dort geschieht. Ein menschliches Leben zu töten ist schlichtweg ein Verbrechen. Es verwundert nur, dass die breite Öffentlichkeit nicht gegen dieses Unrecht rebelliert. Es bedarf dazu wohl einer zukünftigen Generation.

Im Falle von schwerer Krankheit und bei freier Entscheidung des Kranken befürworten heute zahlreiche Menschen die Euthanasie oder aktive Sterbehilfe. Dies geschieht in der Hoffnung, so einem starken Leid aus dem Wege zu gehen. Wird das Tor der Euthanasie oder aktiven Sterbehilfe, das uns unter der Flagge der „Barmherzigkeit" begegnet, geöffnet, brechen alle Dämme. Wer kann und wird prüfen, wie freiwillig eine solche Entscheidung zustande kam? Mit welchen Argumenten, Lieblosigkeiten und auch Lügen werden die betroffenen notleidenden Personen vor ihrem „Einverständnis" konfrontiert? Auch mit Blick auf unser ewiges Leben sollten wir kühlen Kopf behalten: Gott ist der Herr über Leben und Tod. Es steht uns nicht zu, uns selbst oder gar andere zu töten. Geschichtliche Beispiele zu aktiver Sterbehilfe und der Beurteilung, ob ein Leben lebenswert ist oder nicht, sollten uns Mahnung sein.

„Wird das menschliche Leben an seinem Beginn ein-
mal dem Belieben des Einzelnen preisgegeben, dann
gibt es keinerlei logischen Grund mehr, dass die Ge-
sellschaft künftig das Lebensrecht der Behinderten,
unheilbar Kranken und ‚nutzlosen‘ Alten respek-
tiere. Eine geschickte und fortdauernde Kampagne
der Massenmedien, welche die öffentliche Meinung
manipuliert, genügt dann, um morgen das ganze
moralische Erbe wegzufegen, das uns das Evange-
lium gebracht hat und das die Grundlage unserer
Zivilisation ist. Wir haben die Pflicht, gegen Wind
und Wellen jene Verwirrung anzuprangern, die un-
aufhörlich gestiftet wird zwischen dem Recht, das
eigene Leben in die Hände zu nehmen, und dem
Recht, das Leben des anderen in die Hände zu neh-
men.“ (Leon-Joseph Kardinal Suenens)

Verhütung
Die Verhütung wurde inzwischen zu einem Grund-
recht. Junge Leute fühlen sich dazu von der übli-
chen Meinungsbildung geradezu gezwungen. Wer
nicht ständig für Sex bereit ist oder gar nach einem
Geschlechtsverkehr guter Hoffnung ist, also ein
Kind erwartet, gilt als naiv. Zum ersten Mal in der
Geschichte wird Liebe, Zeugung und Sexualität

durch alle Bevölkerungsschichten hindurch auseinandergerissen. Selbst die bewiesene Wirklichkeit der frühabtreibenden Wirkung der Pille und weiterer Verhütungsmethoden stehen dem nicht im Wege. Wie kann es so weit kommen, dass bereits Jugendliche regelmäßig ein Medikament mit nicht unbedenklichen Nebenwirkungen – und ohne krank zu sein – von einem Arzt bekommen? Welche Skrupellosigkeit, Geschäftemacherei oder gar welcher teuflischer Hintergedanke liegt hier zugrunde? Liebe und Verantwortlichkeit, in die der Liebesakt von Natur aus gehören, werden verworfen. Verheiratete Paare können ohne „Risiko" Seitensprünge wagen. Die Frau hat immer bereit zu sein für den Mann – es kann ja nichts „passieren". Aber es passiert eben doch etwas. Anstelle der Zeugung neuen Lebens wird die Sexualität zur banalen Lustbefriedigung. Es sinkt die Freude der Frau an der Sexualität nachweislich durch die Pille. Wenn die katholische Kirche klar für Keuschheit und gegen die künstliche Verhütung eintritt, hat sie ihre berechtigten Gründe. Auch hier wird die Zeit noch so manche Wirklichkeit zutage bringen. Schon heute bekennen sich in steigender Zahl vor allem junge intelligente Menschen zu einer klaren Haltung: Enthaltsamkeit bis zur Ehe, Nein zur künstlichen Empfängnisverhütung, Ja zu mehr Natürlichkeit, wie es der Plan Gottes für uns Menschen vorsieht, Ja zum Leben.

Sexualmoral
Über die Sexualmoral ist genügend gesagt. Entscheidend ist: Niemals soll die Liebe von der Sexualität getrennt werden. Die Liebe darf nicht zur Ware verkommen. Die Schamhaftigkeit und die Reinheit sind große Schätze.

Die Sexualmoral war durch alle Jahrhunderte großen Schwankungen unterworfen. Interessant ist, dass das Sinken eben dieser Moral meist mit einem Sinken der gesamten Gesellschaft verbunden war und wohl allen Anzeichen folgend auch heute so ist. Die Kirche ist nicht sexualitätsfeindlich. Im Gegenteil, sie weiß um den Schöpfungsauftrag und um die Schönheit der Liebe – auch der körperlichen. In ihrer Verantwortung für den Menschen gibt sie erprobte und der Schöpfung entsprechende Orientierung. Ein Leben unserer Sexualität in diesem Rahmen wird uns Freude und Segen bringen. Sie ist einfach schön.

Zum Nachdenken: Der breite Medienstrom stellt die sexuelle Freizügigkeit als von der Mehrheit gewünscht und als völlig normal dar. Demgegenüber stehen zahlreiche repräsentative Umfragen mit anderem Ergebnis. Eine Umfrage unter 11.000 Studierenden aus 13 deutschen Hochschulen im Jahr 2011/2012 ergab, dass 90 % der Befragten angaben, ihrem Partner treu zu sein. Professor Müller-Schneider von der Universität Koblenz-Landau kommt zu dem Entschluss, dass der Wunsch nach einer sexuellen exklusiven Liebesbeziehung den Menschen von der Biologie her mitgegeben sei. Die breite Meinung, dass „One-Night-Stands" immer häufiger vorkommen, sieht der Professor ebenso wie die Thesen der 1968er-Generation zur freien Liebe als widerlegt.

Leiden

Unserer ersten Reaktion auf Krankheit und Leid folgt der Wunsch auf Heilung und Besserung dieses Leides. Dies ist nach menschlichem Ermessen auch ganz normal. Jesus heilte unzählige Menschen während seiner Erdenjahre. Seinen

Aposteln trug er diesen Heilungsdienst auf. Auch heute werden zahlreiche Menschen durch Gebet geheilt. Wir sollen also nach wie vor Jesus voll Vertrauen um Heilung und Hilfe bitten. Immer aber mit dem Zusatz, dass es nur geschehen möge, wenn es zum Willen Gottes passt: Herr, nicht mein, sondern dein Wille soll geschehen.

Eine offizielle Umfrage unter den zahlreichen, sich neu zum Christentum bekennenden Personen in China ergab, dass rund 75 Prozent durch das Erleben einer Heilung aufgrund von Gebeten zum christlichen Glauben kamen. Ähnlich wie zu Zeiten Jesu ...

Ein weiterer Gedanke: Es kann durchaus sein, dass uns eine Krankheit in der Ausübung eines von Gott gewollten Dienstes oder Lebens hindern möchte. Immer mit dem festen Willen, nicht gegen den Plan Gottes zu handeln, dürfen wir der Krankheit auch mit unserer Vollmacht als getaufte Kinder Gottes begegnen. Besonders gut eignen sich dabei die Minuten nach dem Empfang der heiligen Kommunion. Auch eine zeitnahe Beichte ist eine gute Vorbereitung. Mit freien Worten können wir Gott um Hilfe bitten: „Aufgrund der

Vollmacht, die ich durch die Taufe erhalten habe, ordne ich an, dass die Schöpfungsordnung in mir wiederhergestellt wird. Die Metastasen (oder andere Krankheiten) und alles, was nicht Gottes ist, soll im Namen Gottes weichen. Herr, dein Wille soll geschehen."

Wie reagieren wir, wenn unsere Bitten – nach unserer Meinung – nicht erhört werden?

Eine der häufigsten Antworten auf unverschuldetes Unglück, Leid, Schmerz und Not ist die Aussage: Wenn es einen Gott gäbe, könnte er das nicht zulassen. Auf diese Aussage folgt meist ein Kopfnicken des Gegenübers, der auf die Frage des Leides auch keine Antwort hat. Verunsichert gehen beide ihren jeweiligen Weg weiter. Es bleibt ein schlechtes und unsicheres Gefühl, manchmal schlichtweg eine Wut.

Eine andere Meinung und Erklärung für Leid ist, dass selbst Gott gute und böse Seiten hat. Hier gleichen wir uns an den Glauben des Buddhismus an. Dort finden wir immer das Zusammenspiel von den Gegensätzen, z. B. von guten und bösen

Geistweisen. Im Gegensatz dazu das Christentum, das in Gott nur Licht und kein Dunkel sieht.

Auch für die Christen ist das Leid wohl die größte Prüfung im Vertrauen zu Gott, der die Liebe ist. Wir sind dem Leid in gewisser Hinsicht hilflos ausgeliefert. Eine Erklärung, eine Begründung oder logische Antwort fällt uns auf den ersten Blick schwer: Kinder verhungern. Unschuldige werden bei Naturkatastrophen getötet. Menschen verletzen, verfolgen und berauben sich gegenseitig. Krankheiten und Behinderungen zerstören Menschenleben. Diese Liste ließe sich unendlich weiterführen. Unzählige Einzelschicksale häufen sich vor uns auf. Milliarden von Menschen leiden nur, weil sie auf dem falschen Fleckchen Erde zur Welt kamen.

Es stimmt: Gott wäre kein Gott der Liebe, wenn er Freude am Leid der Menschen hätte. Not und Elend geht im Tiefsten immer auf die Sünde zurück. Kriege beginnen durch menschliches Fehlverhalten, durch Sünde. Die ungleiche Verteilung der Güter entsteht durch Egoismus, durch Sünde. Die Zerstörung der Umwelt entsteht durch unser Tun, durch Sünde. Auch zahlreiche Krankheiten entstehen durch falsches Verhalten der Menschen, durch Sünde. Unser christlicher Glaube sagt uns, dass alles Ungute in der Welt erst durch die Sünde begann. Die Sünde hat die Natur und den Menschen aus seinem Paradies, aus seinem göttlichen Gleichgewicht, geworfen. Gleichzeitig dürfen wir persönliche Krankheit oder Not nicht automatisch als persönliche Strafe Gottes sehen. Auch viele andere Menschen sündigen und es geht ihnen gut.

Trotzdem könnten wir einwenden, dass Gott ja in seiner Allmacht alles einfach gutmachen könnte. Ja, das könnte er. Er hat sich aber selbst in seiner Macht eingeschränkt, weil er uns Menschen den freien Willen gegeben hat, ohne den es keine Liebe gibt. Ja, wir Menschen sind Abbild Gottes. Und Gott ist die Liebe.

Wir können noch mal nachhaken. Es heißt, dass Gott gerecht und barmherzig ist. Wie kann es dann sein, dass die einen leiden müssen und die anderen gesund und munter dahinleben? Wie kann es sein, dass die einen jung und die anderen erst nach gelebtem Leben sterben? Welche Gerechtigkeit oder Barmherzigkeit soll hinter einer Hungerkatastrophe in einem Land und einer Superernte in einem anderen Land liegen?

Die folgenden Zeilen werden vermutlich zahlreiche Leser im ersten Moment nicht akzeptieren können. Ich werde sie trotzdem schreiben, da ich darin eine wirkliche Antwort erkenne. Wir sollten das Ganze im Auge behalten: das Leben hier auf der Erde und das ewige Leben. Gott, der die Liebe ist, existiert von Ewigkeit her. Der eigentliche Zweck unseres Lebens ist das ewige Paradies bei Gott. Unser Weg in dieser Welt ist ein Weg der Entscheidung. Nachdem die Sünde von uns Menschen Besitz ergriffen hat, ist es unser Ziel, diese Sünde abzustreifen, indem wir uns auf dieser Erde in völliger Freiheit für den Schöpfer von Himmel und Erde entscheiden. Nicht die Länge unseres Lebens und die Anzahl der Vergnügungen wird entscheidend sein. Entscheidend wird sein, dass wir unser persönliches „ich glaube", „ich hoffe" und „ich liebe" gesprochen haben. Diese Entscheidung wird ewigen Wert besitzen. Pater Werenfried van Straaten, der Gründer des weltweiten Hilfswerkes KIRCHE IN NOT, hat es einmal sinngemäß so ausgedrückt:

„Wir im wohlhabenden Westen haben einen anderen Weg zum Himmel als Menschen in Not, Verfolgung und Elend."

Es könnte sein, dass wir uns nach dem Tod wünschten, nicht im wohlhabenden Westen gelebt zu haben. Womöglich werden wir einmal erkennen, dass wir lieber aufgrund von Armut oder Leid Gott näher gewesen wären, als durch Reichtum und Besitz Gott vergessen zu haben.

„Es gibt keine andere Brücke in den Himmel als das Kreuz." (altes Sprichwort)

Ob Menschen, die Schweres zu tragen haben, leichter zu Gott finden, ist natürlich eine fragwürdige Aussage. Grundsätzlich sollten uns Gesundheit, Glück und Reichtum näher zu Gott führen. Mit der Erkenntnis ausgestattet, dass im Letzten alles aus der Schöpfung Gottes seine Abstammung hat, sollten wir Gott loben und preisen. Mit Freude sollten wir mit anderen Menschen teilen und ein Vorbild an Glaube, Hoffnung und Liebe sein. In der Realität finden wir jedoch z. B. in Gebetskreisen oft Menschen, die die Sorge wieder in die Arme Gottes treibt. Manchmal lässt Gott womöglich ein Leid zu, um uns auf seinen Weg zu führen. Gott liebt uns und er wird nicht zulassen, dass wir über unsere Kraft geprüft werden. Er wird uns auch helfen, Verständnis für seinen Weg zu finden. Wir dürfen hier der Liebe und Gerechtigkeit Gottes vertrauen.

Was nützt es uns, alt und gesund zu sterben, wenn wir in einem Zustand der Ablehnung gegenüber Gott stehen? Kann es nicht sogar ein Geschenk sein, in einem Moment der Gottesnähe – auch wenn er uns als zu früh erscheint – von Gott abberufen zu werden?!

Ein weiterer Wert des Leidens ist die Verbindung unseres Schmerzes mit den Schmerzen Jesu. Manchmal wird vielleicht die Krankheit zugelassen, damit wir teilhaben am Leiden Christi und es für die Welt und deren Rettung aufopfern können. Jesus Christus hat uns durch sein Leiden und Sterben erlöst. Er hat uns den Weg in den Himmel geöffnet. Der Apostel Paulus hat uns dazu in seinem Brief an die Kolosser einen Hinweis gegeben:

Jetzt freue ich mich in den Leiden, die ich für euch ertrage. Für den Leib Christi, die Kirche, ergänze ich in meinem irdischen Leben das, was an den Leiden Christi noch fehlt. (Kol 1,24)

Der Text in seinem gesamten Verständnis sagt nicht, dass die Leiden Christi für die Erlösung aller nicht gereicht hätten, sondern es geht darum, dass wir unser Leiden mit den Leiden Jesu verbinden können und somit einen stellvertretenden Dienst für die Kirche und somit für alle Glieder der Kirche tun können. Zahlreiche Heilige haben ihr Kreuz aus diesem Grund mit Freude und Liebe getragen – ohne zu verbittern oder zu klagen. Kein Leid dieser Welt, wenn es mit dem Kreuz Christi verbunden ist, wird umsonst sein, sondern Frucht bringen. Deshalb rät die Kirche, dass wir jeden Morgen die so genannte „Gute Meinung" machen sollten, indem wir Jesus alle unsere Entbehrungen, Leiden und sonstige Unannehmlichkeiten aufopfern.

„Je mehr ein Kreuz von Gott kommt, umso mehr müssen wir es lieben." (Franz von Sales)

In der Regel sind unsere Leiden die alltäglichen Dinge und Unpässlichkeiten unseres Lebens. Diese in Liebe und ohne Murren anzunehmen, als unsere Opfergabe vor Gott hinzulegen und mit einem Lächeln in den Tag zu gehen, darf unser Ziel sein.

Im Hinblick auf meine eigene Krankheit ist mir bewusst, dass ich im Ernstfall auf Gottes Hilfe angewiesen bin. Ich bitte Gott zuerst um Heilung. Die zweite Bitte ist um Kraft und Freude auch in schwieriger Zeit. Ich bitte Gott, dass ich nicht in eine Verzweiflung falle, dass ich mich in dieser Prüfung nicht von ihm abwende. Bei allem Vertrauen weiß ich um meine Schwäche im Ernstfall. Ich weiß aber auch um die Güte Gottes und das begleitende Gebet zahlreicher Freunde sowie der großen Kirche Christi. Gott möge allen Kranken seine Nähe schenken.

Zusammenfassend kann man drei Erklärungsversuche – die auch die Bibel beschreibt – für das Leid finden:

1. Menschen sind krank und werden durch ein Wunder nach Gottes Willen geheilt. Hier of-

fenbart sich die Herrlichkeit Gottes immer wieder aufs Neue.

2. Das Leiden und Probleme im Alltag dienen als Sühneopfer für die Sünden der Welt. Unser Leiden verbindet sich in wunderbarer Weise mit dem Leiden Jesu Christi.

3. Alltägliche Bedrängnisse, Krankheiten und sonstige Beeinträchtigungen sind wie ein Korrektiv für unser Leben. Sie möchten uns formen und können uns letztendlich zum Heil führen.

Gott geht in jedem Leid mit uns. Wir dürfen ihn sogar bitten, uns in den Schwierigkeiten zu tragen.

Unser Schatz: Gott ist von Ewigkeit her die Liebe. Mit unserer Geburt beginnt auch für uns diese Ewigkeit. Die nur wenige „Augenblicke" dauernde Erdenzeit gibt er, damit wir uns für diese Liebe entscheiden. Jede Sünde entfernt uns von dieser schönen reinen Liebe. Deshalb versuchen wir, alles Böse zu meiden. Selbst Not, Krankheit und Tod sind nur vorübergehend. Wenn wir es Gott für andere schenken, ist kein Leiden umsonst. Wir alle sind ja in Christus eine füreinander verantwortliche Familie. Unser aller Ziel darf sein, mit Gott in Ewigkeit diese Liebe zu leben.

Durch den Tod zum Leben

„Halte dich fest an Gott, mach's wie der Vogel, der doch nicht aufhört zu singen, auch wenn der Ast bricht. Denn er weiß, dass er Flügel hat." (Don Bosco)

Der Untertitel dieser Schrift lautet: **Eingeladen.** Unzählige Einladungen oder Veranstaltungen kreuzen unseren Weg. Wir freuen uns darauf. Auch freuen wir uns, wenn wir dank anderer Menschen auf einen guten Lebensweg geführt wurden. Doch da gibt es eine Einladung, die jeder von uns früher oder später erhält und der wir zumindest mit gemischten Gefühlen gegenüberstehen: die Einladung, durch den Tod hindurch in das ewige Leben zu gelangen.

Wohin geht diese Reise?
Bedeutet diese Einladung nicht, auf so vieles
Liebgewonnene zu verzichten?
Wie geht es meiner Familie oder meinen Freunden, die ich zurücklassen muss?
Sind die Versprechen, die uns Jesus Christus offenbart hat, echt und glaubwürdig?
Bin ich für diese Einladung bereit?

Wohin geht diese Reise?
Nach den Worten, die Jesus Christus uns gegeben hat, erwartet uns etwas so Schönes, dass es noch kein Auge gesehen und kein Ohr gehört hat. Es wird ewig sein und eine unendliche Freude beinhalten. Wir werden weiterhin wir sein, also nicht in ein Irgendetwas aufgelöst werden. Es wird eine glückliche Gemeinschaft mit dem dreifaltigen Gott, den Engeln und allen Heiligen sein, die schöner sein wird, als alle unsere Gedanken es sich ausmalen können. Kein Leid, kein Ärger, keine Krankheit und kein weiterer Tod wird uns mehr etwas anhaben können.

Bedeutet diese Einladung nicht, auf so vieles Liebgewonnene zu verzichten? Wie geht es mei-

**ner Familie oder meinen Freunden, die ich zu-
rücklassen muss?**

Es mutet wirklich etwas sonderbar an, dass wir
auf diese Einladung keinen Koffer, ja nicht einmal den Ring an unserem Finger, mitnehmen
werden. Sogar unseren sichtbaren Körper streifen
wir bis auf Weiteres ab und übergeben ihn der
Erde oder gar dem Feuer. Für die Augen unserer
Lieben werden wir einfach verschwinden. Eine
makabre Einladung!

Andererseits: Brauchen wir dort einen Koffer und
sind wir wirklich von unseren Lieben getrennt?
Es wird für alles gesorgt sein: Der Koffer wäre
reine Überlast! Und unsere Lieben werden wir
vom Himmel aus sehen können. Nach deren Tod
werden wir uns in der Gemeinschaft der Heiligen
sogar wieder richtig treffen (wir beten es im Glaubensbekenntnis). Bis zu diesem Wiedersehen sind
die Verstorbenen im Fegefeuer oder im Himmel
bereit, für die noch auf der Erde Lebenden Fürbitte bei Gott zu halten. Unsere Lieben sollen und
dürfen uns also jederzeit ansprechen und um Hilfe
bitten. Es bleibt eine wirkliche Verbindung erhalten! Darauf dürfen wir vertrauen.

Eine große Schwierigkeit ist das Loslassen. Die

Einladung, durch den Tod hindurch zum Leben zu gelangen, erhalten wir genau genommen bereits im Moment unserer Zeugung. Wir werden – auch wenn es oft so aussieht – nicht für diese Welt geboren, sondern für das ewige Leben. Der irdische Tod ist genau genommen unser Lebensziel. Eine interessante Sichtweise, die dem Tod ein Stück weit sein dunkles Erscheinungsbild nehmen kann. Das bedeutet aber auch, dass alles, was wir uns auf dieser Welt aneignen, nur ausgeliehen ist. Es gehört uns nicht wirklich. Wir dürfen die Gaben der Erde nützen und anwenden, aber sie gehören uns nicht. Wir können uns an einen Partner binden und Kinder zeugen, trotzdem gehören uns weder unser Partner noch unsere Kinder. Kein Reichtum und kein Bankkonto gehören uns wirklich. Unser Leben wird umso erfolgreicher, je mehr wir diese Wirklichkeit erkennen und nach ihr leben. Unsere Freude steigert sich, je weniger uns Vermögen, Geld und selbst unser leibliches Leben binden. Es steigert sich, je mehr wir dem Gebot der Gottes- und Nächstenliebe, dem ewigen Leben Raum geben. Das Sterben wird umso „einfacher", je mehr ich auf Erden bereits innerlich loslassen kann und je mehr mein Herz mit dem Herzen Jesu in Verbindung steht. Idealerweise ist unser Erdenweg ein Vorbereiten und Loslassen für das ewige Leben. Ich für mich möchte immer mehr versuchen, alle meine Sorgen um die weltliche Zukunft für mich und meine Familie in Gottes Hand zu geben. Er kann und wird selbst bei einer irdischen Trennung, beim Tod, alles zum Besten machen. Gottes Wille ist heilig und kann nicht falsch sein. Wenn wir diese Offenbarung annehmen – und das sollten wir tun –, gibt es immer wieder einen Weg, einen guten und glücklichen Weg.

Sind die Versprechen, die uns Jesus Christus offenbart hat, echt und glaubwürdig?
Haben wir erkannt, dass der christliche Glaube wirkliche Offenbarung von Gott, dem Schöpfer des Himmels und der Erde, ist, dürfen wir auch allen Versprechen Gottes glauben.
Zudem dient uns der Tod und die Auferstehung von Jesus Christus als Glaubenshilfe. Erstand Jesus Christus, der ja auch Mensch war, von den Toten, so werden es auch wir tun.

Bin ich für diese Einladung bereit?
Gottes Wunsch ist es, dass jeder Mensch gerettet

wird und in den Himmel kommt. Wenn es unser Wunsch ist, Jesus nachzufolgen, Gottes- und Nächstenliebe zu leben, die Gebote zu halten und dem Bösen zu widersagen, ist der Weg frei. Fehler und in unserem Leben zu wenig genützte Talente dürfen wir Gott zur Heilung hinlegen. Unser ernsthafter Versuch zählt. Durch den Tod Jesu sind wir gerettet. Wir nehmen IHN an als unseren Erlöser, Retter und Heiland. Wir widersagen dem Bösen und glauben Jesus Christus und seiner Kirche. Wir vertrauen auf die Barmherzigkeit Gottes und bemühen uns ehrlich.

Ewiges Leben

In den meisten Kulturen glauben die Menschen seit Jahrtausenden an ein Weiterleben nach dem Tod. Verschiedenste Vorstellungen haben Eingang in Kopf und Herz der Menschen gefunden: angenehme und weniger angenehme.

Immer wieder hören wir aber auch von Personen, die mit der Überzeugung leben, dass mit dem irdischen Tod alles aus und vorbei sein wird.

Der christliche Glaube verspricht für jeden Menschen ein unendliches Leben. Gemäß dem Plan Gottes wird es ein Leben in glückseliger Gemeinschaft mit eben diesem Gott und allen unseren Lieben sein. Da wir aber laut der Heiligen Schrift als Abbilder Gottes geschaffen wurden, haben wir die große – fast unverständliche – Freiheit, unserem Gott ein Nein zu präsentieren. Für diese Menschen, die sich letztendlich selbst von Gott trennen, bleibt die Trennung erhalten. Diese Ewigkeit ohne Liebe ist die so genannte Hölle. Gott bemüht sich aber, da er ein liebender und barmherziger Gott ist, bis in die letzte Lebensstunde um unser Ja zu seinem Willen und zu seiner Liebe.

Können wir das glauben? Wenn wir überzeugt sind, dass Jesus Christus der Sohn Gottes ist und eben dieser Jesus uns dies versprochen hat, dürfen wir das Versprechen annehmen. Auch gibt es über die Jahrtausende zahlreiche glaubwürdige Schnittpunkte. Immer wieder durften Menschen – oft Menschen mit besonders glaubwürdigem und vorbildlichem Leben – einen Kontakt mit dieser anderen Wirklichkeit erleben. Dies darf nicht erzwungen oder gefordert werden, sondern

Gott schenkt es, wem ER möchte, und dem, der dafür geeignet ist. Ein für mich spannender Gedanke ist die Größe des Weltalls. Wenn das Weltall unendlich ist – warum nicht auch der Mensch als Abbild Gottes? Beides ist ein Geheimnis.

„Ich sterbe nicht, ich trete ein ins Leben." (Therese von Lisieux)

Jetzt werde ich etwas schwärmerisch. Kann es nicht sein, dass die zweite Lebenswirklichkeit – das Ewige – schon unter uns verborgen da ist und in der geheimnisvollen Realität des unendlichen Weltalls angezeigt ist? Kann es nicht sein, dass das ewige Leben kein besonderer Ort, sondern einfach eine Wirklichkeit ist, die in unserem Universum stattfindet. Eine Wirklichkeit, von der wir wie durch einen Schleier getrennt sind. Es sprechen viele Zeichen, Wunder und Erlebnisse dafür. Wir glauben als Christen ja, dass die Verstorbenen uns z. B. sehen können und uns durch Fürsprache bei Gott helfen können. Wir glauben auch, dass wir immer zu Gott sprechen können und er uns nahe ist. Auch glauben wir, dass uns ein Schutzengel begleitet – unsichtbar und doch in unmittelbarer

Nähe. Nein, wir werden, solange wir in diesem irdisch begrenzten Leben verweilen, darauf keine genaue Antwort haben. Jesus Christus, der Sohn Gottes, sagt es ganz klar: „… wir verkündigen, wie es in der Schrift heißt, was kein Auge gesehen und kein Ohr gehört hat, was keinem Menschen in den Sinn gekommen ist: das Große, das Gott denen bereitet hat, die ihn lieben." (1 Kor 2,9)

Versagt?

Ich habe versagt! Mein Leben ist zerstört! Womöglich habe ich es selbst zu verantworten. Welche Möglichkeiten bleiben mir jetzt noch? Gott liebt mich! Er wartet immer auf meine Umkehr. So wie im Gleichnis des verlorenen Sohnes:

Weiter sagte Jesus: Ein Mann hatte zwei Söhne. Der jüngere von ihnen sagte zu seinem Vater: Vater, gib mir das Erbteil, das mir zusteht. Da teilte der Vater das Vermögen auf. Nach wenigen Tagen packte der jüngere Sohn alles zusammen und zog in ein fernes Land. Dort führte er ein zügelloses Leben und verschleuderte sein Vermögen. Als er alles durchge-

bracht hatte, kam eine große Hungersnot über das Land und es ging ihm sehr schlecht. Da ging er zu einem Bürger des Landes und drängte sich ihm auf; der schickte ihn aufs Feld zum Schweinehüten. Er hätte gern seinen Hunger mit den Futterschoten gestillt, die die Schweine fraßen; aber niemand gab ihm davon. Da ging er in sich und sagte: Wie viele Tagelöhner meines Vaters haben mehr als genug zu essen und ich komme hier vor Hunger um. Ich will aufbrechen und zu meinem Vater gehen und zu ihm sagen: Vater, ich habe mich gegen den Himmel und gegen dich versündigt. Ich bin nicht mehr wert, dein Sohn zu sein; mach mich zu einem deiner Tagelöhner. Dann brach er auf und ging zu seinem Vater. Der Vater sah ihn schon von Weitem kommen und er hatte Mitleid mit ihm. Er lief dem Sohn entgegen, fiel ihm um den Hals und küsste ihn. Da sagte der Sohn: Vater, ich habe mich gegen den Himmel und gegen dich versündigt; ich bin nicht mehr wert, dein Sohn zu sein. Der Vater aber sagte zu seinen Knechten: Holt schnell das beste Gewand und zieht es ihm an, steckt ihm einen Ring an die Hand und zieht ihm Schuhe an. Bringt das Mastkalb her und schlachtet es; wir wollen essen und fröhlich sein. Denn mein Sohn war tot und lebt wieder; er war

verloren und ist wiedergefunden worden. Und sie
begannen, ein fröhliches Fest zu feiern. Sein älterer
Sohn war unterdessen auf dem Feld. Als er heimging
und in die Nähe des Hauses kam, hörte er Musik
und Tanz. Da rief er einen der Knechte und fragte, was das bedeuten solle. Der Knecht antwortete:
Dein Bruder ist gekommen und dein Vater hat das
Mastkalb schlachten lassen, weil er ihn heil und
gesund wiederbekommen hat. Da wurde er zornig
und wollte nicht hineingehen. Sein Vater aber kam
heraus und redete ihm gut zu. Doch er erwiderte
dem Vater: So viele Jahre schon diene ich dir, und
nie habe ich gegen deinen Willen gehandelt; mir
aber hast du nie auch nur einen Ziegenbock geschenkt, damit ich mit meinen Freunden ein Fest
feiern konnte. Kaum aber ist der hier gekommen,
dein Sohn, der dein Vermögen mit Dirnen durch-
gebracht hat, da hast du für ihn das Mastkalb ge-
schlachtet. Der Vater antwortete ihm: Mein Kind,
du bist immer bei mir, und alles, was mein ist, ist
auch dein. Aber jetzt müssen wir uns doch freuen
und ein Fest feiern; denn dein Bruder war tot und
lebt wieder; er war verloren und ist wiedergefunden
worden. (Lk 15,11–32)

Durch Reue, Umkehr und Beichte kann ich immer neu beginnen: Neu, wie ein kleines Kind! Ist das nicht eine wunderbare Aussicht?!

Zum Ende des Büchleins

Diese Gedanken stammen nicht von einem Theologen, Philosophen oder Wissenschaftler. Ich habe aus dem Blick eines einfachen Christen geschrieben, der mit Taufe und Firmung ausgestattet ist und möglichst vielen Menschen von seinem gefundenen Schatz erzählen möchte. Mein Wunsch ist es, dass alle Menschen jetzt und in Ewigkeit die wirkliche Freude und Erlösung finden. Gott ist bereit zu helfen.

Fazit 1

Es erscheint mir als völlig unlogisch, wenn ich mich um alles Weltliche und zeitlich Begrenzte eifrig bemühe, aber dem Ewigen, auch wenn es mir noch nicht als absolut sicher erscheinen sollte, ausweiche. Welches Risiko gehe ich dabei ein! Bei so vielen Zeichen, die auf etwas Göttliches hinweisen, muss ich mich auf die Suche machen …

Fazit 2

Indem wir uns auf die Suche machen, uns dem Göttlichen öffnen und unser Ja zu SEINEM Plan sprechen, geschieht eine Wandlung in und mit uns. Ich persönlich bin überzeugt: Es geschieht Großes! Wir werden diesen Gott als unseren Vater, ja sogar wie im Vaterunser von Jesus höchstpersönlich diktiert, als Papa erleben. Alles dürfen wir von diesem Gott erwarten. Wir dürfen IHN um SEINE Gaben bitten. Bitten wir IHN, dass wir seinen Auftrag in unserem Leben erfüllen. Öffnen wir uns ganz! Es werden Wunder geschehen. Gott hat jeden Einzelnen von uns in SEINEM Blick – vertrauen wir IHM ganz! Unsere Gedanken und Gefühle erfassen nicht die gesamte Wirklichkeit. Gott macht alles richtig – Danke! Gott ist die Liebe – versuchen wir, IHM in der Liebe ähnlich zu werden!

„Habt keine Angst vor Christus! Er nimmt nichts, aber er gibt alles." (Papst Benedikt XVI.)

Gebetsanregung – je nach Überzeugung

1. Gebet für alle, die bei der ersten grundlegenden Frage stehen: Gibt es einen Gott?
Ich sehe das Leben auf dieser Erde. Mein Blick geht bewundernd zu den unzähligen Sternen des Weltalls. Vieles ist mir ein Rätsel. War es Zufall, war es eine Energie oder gar der Wille eines persönlichen Gottes? Offen geht mein fragender Blick in die Zukunft. Ohne Vorbehalte, in liebender Grundhaltung und ohne falschen Egoismus mache ich mich auf den Weg, die Wahrheit zu finden. Ja, ich bitte darum. Die Macht, die hinter der Wahrheit steht, möge mir helfen.

2. Gebet für diejenigen, die an der zweiten grundlegenden Frage überlegen: Ist es gleichgültig, an welchen Gott ich glaube und in welcher Religion ich lebe?
Gott, ich glaube an dich. Zahlreich sind deine Werke, die ich mit meinem Verstand erfassen kann. Danke, Gott! Ich lobe dich und preise dich. Lieber Gott, gerne würde ich Genaueres über dich und deine Gottheit wissen. Von verschiedenen Religionen werden verschiedene „Bilder" von dir

angeboten. Hast du dich so unterschiedlich und oft sogar widersprüchlich den Menschen geoffenbart oder haben sie Teile oder das Gesamte selbst erfunden? Lieber Gott, ich möchte das rechte „Bild" von dir haben. Bitte hilf mir, die Wahrheit zu finden und anzunehmen. In Demut und Liebe mache ich mich auf die Suche. Lass nicht zu, dass Egoismus oder Täuschung meinen Blick auf dich verdunkeln. Gott, ich vertraue auf dich. Ich möchte in meinem Leben dich und meine Mitmenschen lieben. Amen.

3. Gebet für die Leserinnen und Leser, die sich mit der dritten grundlegenden Frage beschäftigen: Für welche christliche Konfession soll ich mich entscheiden?
Herr Jesus Christus, ich glaube an dich, ich liebe dich und setze all meine Hoffnung auf dich. Während deines Erdenlebens hast du uns ein Vorbild gegeben. Du hast das Evangelium für alle Menschen gebracht, bis an die Grenzen der Erde. Bei deinem letzten Abendmahl, vor dem Kreuzestod, hast du den himmlischen Vater inständig um Einheit für uns alle gebeten. Jesus Christus, schau auf die gespaltene Christenheit und heile, was wir

Christen getrennt haben. Ich persönlich stelle mir die Frage, ob eine der christlichen Gemeinschaften, Konfessionen oder Kirchen näher an deiner Wahrheit und an deinem Willen lebt als eine andere. Ich bitte dich, hilf mir, dass ich den rechten Weg gehe und deinen Willen erfülle. In Demut, Liebe und mit Vertrauen in deine Führung mache ich mich auf den Weg. Alle Falschheit, jeder Egoismus und jede Menschenfurcht nimm von mir. Ich will mein Leben in Gottes-, Nächsten-, Feindes- und richtig verstandener Eigenliebe leben. Danke Jesus, dass du uns erlöst hast. Ich nehme dich als meinen Heiland und Erlöser an. Amen.

4. Gebet für alle, die sich um die vierte grundlegende Frage bemühen: Wie lebe ich meinen katholischen Glauben – welchen Platz nimmt er in meinem Alltag ein?
Ich bin auf dem Weg. Du Schöpfer, der du aus dem Nichts unzählige Sonnen im Weltall strahlen lässt, der du den Menschen als dein Ebenbild erschaffen und auch den Blumen die leuchtenden Farben geschenkt hast. Ich bitte dich, hilf mir und allen Menschen auf dem Weg zu dir. Pflanze in uns die Sehnsucht nach der Wahrheit und

nach der Liebe ein. Schenke uns die Erkenntnis, das Gute vom Bösen zu unterscheiden. Hilf uns, das Gute zu tun. Nimm von uns allen Stolz und alle Angst, die uns hindern, nach deinem Willen zu leben. Hilf uns, dass jeder persönlich sein Ja zu DER Wahrheit spricht, die du bist und danach lebt. Schenke uns immer wieder zur rechten Zeit die notwendige Hilfe. Sei es durch ein passendes Wort aus der Bibel, durch eine Schrift oder durch eine liebe Person. Führe uns mit großer Liebe zu den Sakramenten, die du uns durch deine Kirche bereithältst. Schenke uns Liebe zum Gebet. Vermehre in uns die Sehnsucht, dich im allerheiligsten Sakrament anzubeten. Hilf uns, dass wir alle Menschen ohne Einschränkung lieben. Zeige uns Wege, unsere Mitmenschen für dich zu begeistern. Auf die Fürsprache der Gottesmutter Maria bitte ich dich: Herr, ich will DEINEN Willen tun. Sende mich. Führe mich und alle Menschen in DEIN ewiges Reich, in DEINEN Himmel! Amen.

Für jeden Tag: Komm, Heiliger Geist!

Mein persönlicher Brief an dich

Ich weiß nicht, ob du ein gläubiger Christ bist, eine ganz andere Überzeugung lebst oder ob du auf der Suche nach der Wahrheit noch unentschlossen bist. Ich weiß nichts von dir, außer, dass Jesus Christus DICH liebt. Ich möchte dir, der du jetzt gerade diese Zeilen liest, einfach zurufen: Sage ganz fest JA zu Jesus Christus und zu seinem Willen! Das Entscheidende ist, dass du dich für seine Liebe öffnest. Dann kann auch dein Leben wirkliche Liebe geben – zu Freund und Feind. Er ist dein Retter und Erlöser. Mache keine Halbheiten. Er hat das Universum gemacht. Er ist von Ewigkeit zu Ewigkeit die schöpferische Kraft. Öffne dich ganz für das Wirken des Heiligen Geistes. Lass dich von Gott führen! ER macht alles gut!

„Es ist nicht auszudenken, was Gott aus den Bruchstücken unseres Lebens machen kann, wenn wir sie ihm ganz überlassen." (Blaise Pascal)

Lebe voll Glaube, Hoffnung und Liebe! Ungeahntes wird geschehen. Freude wird in dein Herz kommen. Du wirst für dich und für deine Mitmenschen zum Segen werden. Du wirst ewige Freude geschenkt bekommen. Es kommt dabei gar nicht so sehr auf DEIN Tun an, sondern mehr, dass du IHN einfach mit deinem Leben machen lässt, was ER für richtig hält. ER sucht dich mehr als du IHN. Schenke dich deinem Schöpfer. Sei bereit, den Plan, den du in der Schöpfung zugesprochen bekommen hast, zu leben. Bei allen scheinbaren Ungerechtigkeiten auf dieser Welt hilft dir der Gedanke, dass im Rückblick unser Leben im Vergleich zur Ewigkeit minimal ist. Von Gott kommt nur Gutes. Alles, was ungerecht, krank und böse ist, findet seinen Ursprung in der Unordnung, die über Mensch und Natur durch die Sünde gekommen ist. Gott ist barmherzig und gerecht. Gott ist die Liebe! Unsere Liebe ist so lange schwach, bis wir unser Herz für seine Liebe öffnen. In seiner Liebe will er unser JA. Schenke Jesus dein JA. Schenke ihm dein „Jesus, ich vertraue auf dich", und du wirst wahre Befreiung, wahres Leben, wahren Frieden finden.

„Der Gläubige, der nie gezweifelt hat, wird schwerlich einen Zweifler bekehren." (Marie Freifrau von Ebner-Eschenbach)

Womöglich sagst zu jetzt: Der hat leicht reden. Der glaubt das einfach. Glaube mir, auch ich habe einen Weg. Von außen gesehen war mein bisheriger Weg meistens gerade. Innen in der Seele war und ist es nicht so. Es war und ist ein Ringen. Ich vermute, dass es vielen Menschen so geht. Um eine Entscheidung zu treffen, bedarf es einer Erkenntnis oder wenigstens eines begründeten Vertrauens. Die Suche nach der Wahrheit kann ganz schön spannend sein. Mir ist bewusst, dass jedes persönliche Ja zu Jesus Christus ein Geschenk ist – Gnade. Gott arbeitet in und mit uns – wenn wir uns öffnen. Es würde mich riesig freuen, wenn der eine oder andere Gedanke dieses Büchleins einen Weg in das eine oder andere Herz, und ganz besonders in dein Herz, finden könnte.

Wenn es dir möglich ist, lade ich dich herzlich ein, täglich das Vaterunser mit dem Ave Maria zu beten:

Vater unser im Himmel, geheiligt werde dein Name. Dein Reich komme. Dein Wille geschehe, wie im Himmel so auf Erden. Unser tägliches Brot gib uns heute. Und vergib uns unsere Schuld, wie auch wir vergeben unsern Schuldigern. Und führe uns nicht in Versuchung, sondern erlöse uns von dem Bösen. Amen.

Gegrüßet seist du, Maria, voll der Gnade, der Herr ist mit dir. Du bist gebenedeit unter den Frauen, und gebenedeit ist die Frucht deines Leibes, Jesus. Heilige Maria, Mutter Gottes, bitte für uns Sünder, jetzt und in der Stunde unseres Todes. Amen.

Ehre sei dem Vater und dem Sohn und dem Heiligen Geist, wie im Anfang, so auch jetzt und allezeit und in Ewigkeit. Amen.

Im täglichen Segen verbunden
dein Klaus Wundlechner

Der Kreis schließt sich

Das Büchlein „begann" mit dem Läuten der Glocken. Damit möchte ich es auch wieder beenden. Der Kreis schließt sich. Darf ich dich, liebe Leserin, lieber Leser, einladen, künftig beim Angelusläuten einen Moment an die Menschwerdung Jesu Christi zu denken oder idealerweise wenigstens einmal täglich den Angelus zu beten? Wir sind alle eingeladen, uns an den wichtigsten Moment der Weltgeschichte zu erinnern: Gott wurde Mensch, erlöste uns von unserer Schuld und offenbarte uns die Wirklichkeit von Leben und Tod. Wer dies glaubt, für den gibt es kein wirkliches Hindernis mehr, Jesus Christus mit ganzem Herzen nachzufolgen. Wir haben den Schatz gefunden. Wir werden diese Botschaft weitertragen.

Das Angelusgebet
Der Engel des Herrn brachte Maria die Botschaft, und sie empfing vom Heiligen Geist.
Gegrüßet seist du, Maria, voll der Gnade, der Herr ist mit dir. Du bist gebenedeit unter den Frauen, und gebenedeit ist die Frucht deines Leibes, Jesus.

Heilige Maria, Mutter Gottes, bitte für uns Sünder, jetzt und in der Stunde unseres Todes. Amen.

Maria sprach: Siehe, ich bin die Magd des Herrn; mir geschehe nach deinem Wort.
Gegrüßet seist du, Maria …
Und das Wort ist Fleisch geworden und hat unter uns gewohnt.
Gegrüßet seist du, Maria …

Bitte für uns, heilige Gottesmutter, dass wir würdig werden der Verheißung Christi.
Lasset uns beten: Allmächtiger Gott, gieße deine Gnade in unsere Herzen ein. Durch die Botschaft des Engels haben wir die Menschwerdung Christi, deines Sohnes, erkannt. Lass uns durch sein Leiden und Kreuz zur Herrlichkeit der Auferstehung gelangen. Darum bitten wir durch Christus, unseren Herrn. Amen.

In vielen Gegenden ist es üblich, nach dem Angelusgebet ein Vaterunser meist zusammen mit einem „Gegrüßet seist du, Maria" zu beten. Dazu gibt es verschiedene Anliegen – je nach Wunsch und Tradition. Üblich ist es, „für unsere lieben Verstorbenen und alle Armen Seelen im Fegefeuer" zu beten.